CHUCK BOMAR

CÓMO TRABAJAR CON JÓVENES

DE 18 A 25 AÑOS

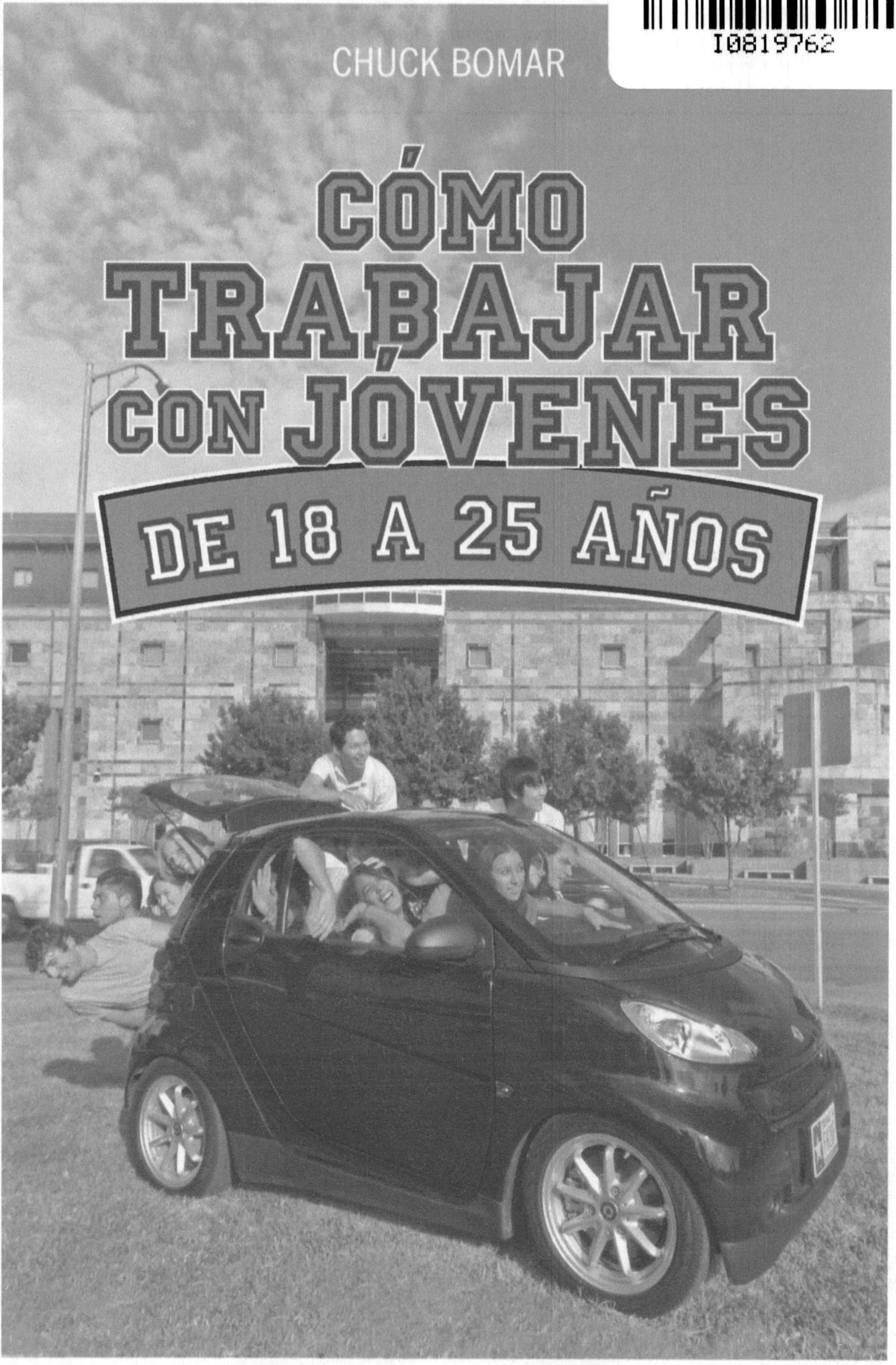

La misión de Editorial Vida es ser la compañía líder en satisfacer las necesidades de las personas con recursos cuyo contenido glorifique al Señor Jesucristo y promueva principios bíblicos.

CÓMO TRABAJAR CON JÓVENES DE 18 A 25

Edición en español publicada por
Editorial Vida – 2011
Miami, Florida

Originally published in the USA under the title:

College Ministry 101: A Guide to Working With 18-25 Years Olds.

Published by permission of Zondervan, Grand Rapids, Michigan 49530

Traducción: *Esteban Obando*

Edición: *Eliezer Ronda*

Diseño interior: *Josué Mercado*

ISBN: 978-0-8297-5782-8

CATEGORÍA: Ministerio cristiano/Juventud

IMPRESO EN ESTADOS UNIDOS DE AMERICA
PRINTED IN THE UNITED STATES OF AMERICA

11 12 13 14 15 ❖ 6 5 4 3 2 1

"Existe una gran falta de literatura enfocada en la experiencia de vida de los jóvenes universitarios de nuestros días. El autor ha tenido la capacidad para rellenar este espacio con este libro. Este libro ha sido escrito tomando en cuenta las últimas ideas que estos jóvenes experimentan, y ha sido perfeccionado por años de trabajo con los estudiantes universitarios. El libro del autor será un punto de partida para trabajar en esta área por muchos años".

– Tony Jones (tonyj.net), autor de: "Los Nuevos Cristianos: envíos a la frontera emergente".

"El ministerio universitario ha sido un agujero negro de incertidumbres y ambigüedad. Tengo un gran respeto por este autor y me encanta cómo este libro da mucha luz en los por qué y los cómo del ministerio universitario".

- Kara Powell, Directora Ejecutiva del Instituto Juvenil de Fuller.

"He conocido a Chuck por mucho tiempo y este libro no es únicamente teoría; está lleno de sabiduría y experiencia de alguien que ha estado totalmente inmerso de una forma muy fiel a este ministerio. Así que estoy muy emocionado porque alguien haya escrito este libro ya que es urgente que pongamos atención a los grupos universitarios por sus características únicas. No conozco ningún otro libro que brinde tanta sabiduría práctica como este."

- Dan Kimball, autor de: "Jesús los convence, pero la iglesia no"

"Hemos buscado por años un libro que pueda ayudarnos a entender cómo servir mejor a los universitarios con la misma energía y pasión que lo hacemos para los de secundaria y los pre adolescentes. Este, no es un simple libro, es el libro. Chuck Bomar, un pastor muy capaz e inteligente para con los jóvenes adultos ha tomado lo que lo convierte en una autoridad en el tema universitario y ha creado un recurso que será el punto de partida para muchos en los años por venir.

– Chap Clark, Seminario Teológico de Fuller.

Queremos destacar que este libro ha sido escrito para ayudar en la formación y discipulado de jóvenes que estudian en la Universidad.

Por lo cual, es necesario considerar, que el sistema universitario en Estados Unidos tiene características y beneficios únicos para este tipo de estudiantes.

RECONOCIMIENTOS

Estoy muy agradecido con muchas personas, pero mencionaré a algunas que han influido directamente en mi forma de pensar con respecto al ministerio universitario. A Francis Chan, gracias por ser tan fiel al hablar la verdad en mi vida, ser un amigo leal, y jugarse una oportunidad conmigo. A los ancianos de Cornerstone, gracias por su fidelidad al caminar a mi lado con gozo, dolor, y algunas veces con éxito y fracaso. A Todd Nighswonger, gracias por ser un amigo tan dedicado y una persona tan sólida en cada área de la vida. Gracias a todos los que han servido conmigo en el ministerio universitario hasta este momento: Lara y Scott Mehl, Allison Davis, Joe Barsuglia, Chad Salstrom, Matt Moore, Tippy Lietlefield, Suzy Hoekendorf, Stacy Leatherman, Megan Martin. Pero sobre todo quiero agradecer a mi esposa, Bárbara por su fidelidad para apoyarme en cada forma posible. Te amo muchísimo. Por último, gracias a mis dos hijas Karis y Hope. Chicas, las amo más de lo que se podrán imaginar.

DEDICATORIA

Este libro está dedicado a todos aquellos que sirven fielmente con las personas de edades universitarias.

ÍNDICE

Apéndices:

INTRODUCCIÓN

Son muchas las cosas que me han llevado a escribir este libro, pero una de las principales tiene que ver con un corazón preocupado. Estoy preocupado acerca de la gran cantidad de chicos que se gradúan de la secundaria y que se separan de la iglesia. Estoy preocupado por las brechas generacionales tan grandes que están dentro de la iglesia y por cómo tomamos las mismas como algo normal. Estoy preocupado acerca de los chicos de edades universitarias que están desesperadamente tratando de entender la vida, sin tener una conexión con cristianos maduros. Estoy preocupado que haya tan pocos recursos que tengan un corazón para chicos de 18 a 25. Estoy muy preocupado con estos problemas al punto que no puedo solo esperar a que alguien más los arregle. Quiero hacer mi parte para poder cambiar la forma en que hacemos ministerio con chicos de edades universitarias.

Soy un gran apasionado por las personas de estas edades, y he dedicado gran parte de mi vida a ayudar a las iglesias a entender cómo este ministerio es vital para su contexto. Después que leas este libro, espero que no solo tengas una mejor idea de cómo apoyar a tu iglesia local, o un mejor entendimiento de cómo los chicos de 18 a 25 piensan, pero que además puedas dar una mirada al corazón de Dios en referente a estas personas. Puede que conozcas todo lo necesario, pero sin el amor por Dios y por las personas que él ama, todo este conocimiento no significa nada.

El ministerio con los universitarios, es mas que solo una conocimiento didáctico para mí. Estos son chicos reales, personas que se están graduando de la secundaria y que están cayendo en muchas prácticas perjudiciales y dañinas porque las iglesias locales no les están acompañando. Ellos son personas que dejan la iglesia después de la secundaria y que nunca más regresan. Son personas que crecieron amando a Dios y aprendiendo de la fe y con la disposición a servir, pero que han abandonado la iglesia solo porque crecieron.

Este libro es mi intento para detener esa "hemorragia" de gente que abandona la iglesia. Pero mi objetivo principal no es solo ayudar a la iglesia, sino a los chicos mismos. Desde luego que la iglesia se beneficiará, pero la prioridad principal en el ministerio para jóvenes de estas edades, tiene que ver con las personas mismas. Como lo diré repetidamente en las páginas de este libro, este ministerio se fundamenta en relaciones en primer lugar. Si vas a enfocarlo de cualquier otra manera, vas a perder tu tiempo.

Ya sea que estés involucrado en el ministerio por muchos años o recién empiezas, la intención del libro es ayudarte a entender lo que significa y lo que no significa este trabajo. La primera sección (capítulo 1) está designada a darte un mejor entendimiento de por qué las personas de estas edades necesitan un ministerio propio. Si estás ministrando en una iglesia que no se ajusta y no tiene un programa para esta población en particular, el siguiente capítulo te dará herramientas que necesitas para que puedas lograr tu objetivo.

La segunda sección (capítulos del 2 al 7) está hecha para ayudarte a entender un poco cómo piensan las personas de estas edades, y te ayudará a saber cómo enfrentan sus principales situaciones: identidad, intimidad, sentido o significado, el placer, y la verdad. El que conozcas cómo procesan estos chicos las preguntas esenciales en su vida, es vital para tener un discipulado efectivo. Si sientes que chocas con una pared con tus esfuerzos en el ministerio, esta sección te dará un vistazo en cómo las personas de estas edades pueden ser ayudadas.

La tercera sección (del capítulo 8 al 12) está escrita para darte ideas prácticas en las áreas de liderazgo, enseñanza, tu reunión, trabajar con voluntarios, y más importante que los chicos asimilen y se involucren en la vida adulta de la iglesia. Descubrir estas cosas puede llegar a ser un gran reto para aquellos que preferimos enfocarnos únicamente en las relaciones. Esta sección te mostrará por qué no debes de rendirte en tus esfuerzos por que tus chicos maduren y sean mejores personas.

Lo que no encontrarás en este libro es una "plantilla" para tu ministerio. No te daré sugerencias del programa o ideas para grandes eventos. No te ofreceré listas de cómo hacer las cosas ni recursos recomendados. En lugar de eso, mi deseo es ayudarte a que establezcas una forma diferente de pensar en el ministerio de jóvenes de 18 a 25. Mi esperanza es que mientras leas cada sección, vayas encontrando conceptos que inspiren tus propias ideas para el ministerio. Espero que puedas leer este libro de la mano con algunos otros líderes para que puedas procesar de la mejor manera tu ministerio con los jóvenes de estas edades y que puedas darte cuenta lo que eso significa en el contexto en el cual tú ministras.

También espero que este libro te anime como líder. Mientras mucho de lo que escribo acá es para ayudarte con tu ministerio, también sé que liderar un grupo de jóvenes de edades de 18 a 25 puede hacerte sentir solo y algunas veces frustrado. Así que mientras lees te motivaré a seguir adelante, sabiendo que no tiene por qué llegar a ser de esta forma. Este ministerio puede transformar la vida de las personas en tu ministerio y puedes llegar a experimentar un profundo cambio en tu propia vida. No tienes que ser un gran conferenciante, o un líder inspirador, o un gran visionario para tener un ministerio efectivo. Solo necesitas amor por estos jóvenes y la voluntad de invertir en su crecimiento y desarrollo. Este modelo de ministerio puede ser completamente diferente al que siempre has usado, pero créeme, es un modelo que es mucho más sostenible.

Sobre todo, espero que este libro sea el inicio de una larga discusión para aquellas personas que trabajan en el ministerio con chicos de edades universitarias. Mi oración es que este libro sirva como un catalizador para muchos más libros y recursos que se enfocan en una iglesia integral, que se ocupa también de los chicos de 18 a 25. Tal vez mientras lees estas páginas tú mismo te veas inspirado a escribir y enseñar algo propio. Cualquiera sea el caso, estoy contento que hayas escogido este libro. Vivimos en un mundo repleto de estas edades, que necesitan a alguien como tú que caminen a su lado y que les ayude a crecer para que lleguen a ser las personas que Dios quiere que sean. Puedo decírtelo por experiencia, es un verdadero privilegio que podamos ser esas personas que les acompañen.

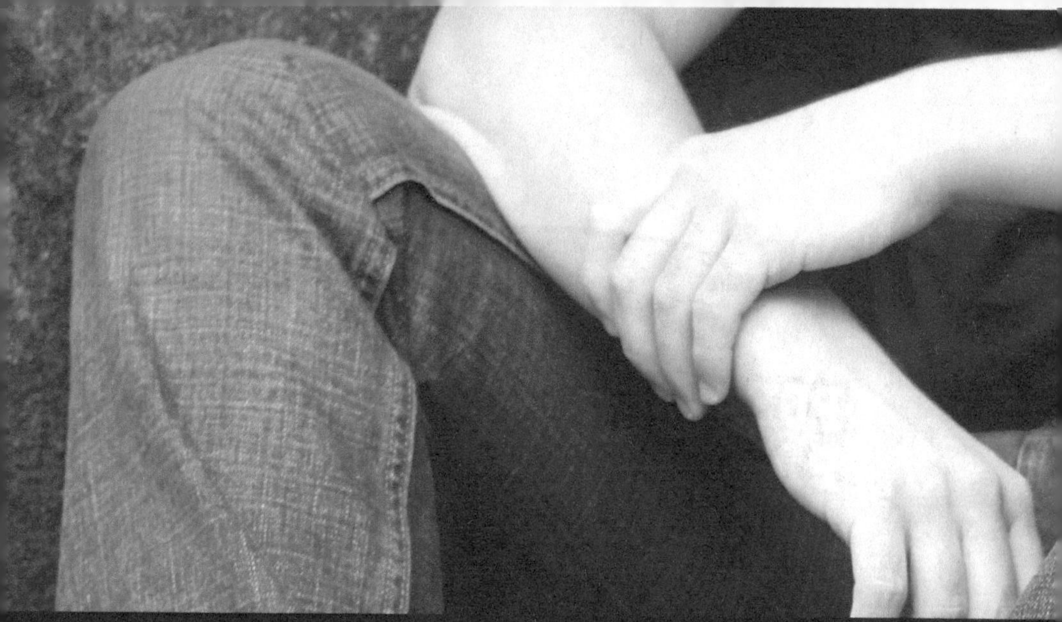

SECCIÓN 1:
Desenredando los mitos

CAPÍTULO 1

POR QUÉ UN MINISTERIO PARA CHICOS DE EDADES UNIVERSITARIAS

Mi amigo Reggie y yo estábamos sentados en mi restaurante favorito a punto de almorzar. Ese día habíamos visitado un restaurante de comida griega cuando él me contó la historia de una chica llamada Nemo.

Nemo es una chica de África que ha sido patrocinada por un ministerio cristiano. Reggie me explicó que cuando Nemo cumplió 18 años todo ese patrocinio que había recibido de este ministerio se había detenido. Me dijo que ese procedimiento es normal para las organizaciones que proveen este tipo de apoyo. Nemo tenía que arreglárselas por sí misma, sin familia que le ayudara, sin dinero para ir a la universidad, y sin experiencia laboral. Posiblemente acabaría una vez más como una indigente. Durante toda su vida alguien se había asegurado que ella tuviera lo que necesitaba. Pero una vez que ella era técnicamente un adulto todo ese apoyo llegó a su final.

Yo estaba impactado. Empecé a hacerle a Reggie muchas de mis preguntas:

¿Cómo puede suceder algo así?

¿Cómo puede una organización simplemente abandonar a las personas y dejarlas sin esperanza?

¿Cuántos otros chicos como Nemo están en la misma posición de abandono los cuales son dejados para que se transformen en ladrones, prostitutas, y pobreza extrema?

Reggie me explicó que las organizaciones que patrocinan a chicos han reconocido este problema y han desarrollado un programa en el cual los chicos son patrocinados hasta la edad en que terminan la universidad. Es mucho más caro porque el costo de la educación universitaria es más elevado, pero es más útil para esta clase de chicos. Este ministerio vio el problema y creó una forma para arreglarlo.

¿Te imaginas lo que hubiese pasado si los líderes de esta organización simplemente hubiesen visto el problema y hubiesen hecho como si no existiera? Nosotros cuestionamos sus motivaciones y filosofía. Nos hicimos preguntas sobre qué era lo mejor para los intereses de estos chicos, y cuestionamos si realmente estábamos ayudando a estos jóvenes. Sin embargo, hemos actuado de la misma forma. Hemos abandonado a estos chicos en nuestras iglesias. No estamos exactamente dejando a nuestros chicos en estado de pobreza y prostitución pero desde una perspectiva espiritual estamos muy cerca. Nosotros apoyamos a nuestros chicos hasta que dejan la secundaria, y después les quitamos ese apoyo. Nosotros asumimos que habrá una transición adecuada, pero raramente ocurre esto. Después de la secundaria, muchos son dejados solo para que se las arreglen solos en cuanto a sus vidas. Cuando la iglesia no está ahí para ellos, ellos buscan en el mundo una dirección a seguir.

Como este ministerio de patrocinio a los niños, la iglesia tiene que estar en disposición de revaluar la forma en que pensamos acerca del ministerio general, lo que significa hacer un cambio drástico en muchas de nuestras iglesias.

EL MENSAJE DETRÁS DEL MÉTODO

Tengo fama de hacer declaraciones de las cuales después me arrepiento pero no creas que esta declaración que voy a hacer no sea una de esas. Sin embargo tengo que darte un trasfondo importante. Como pastor quiero lo mejor para la gente que está a mi cargo. Administrativamente en mi iglesia local quiero lo mejor para la iglesia como un todo. Como autor, quiero desesperadamente que tú compartas la misma pasión y corazón por las dos cosas que me apasionan y por las cuales tengo un gran corazón. Dicho esto, permíteme anunciarte esto: "Uno de los desafíos más grandes que enfrentamos las iglesias de hoy en día es la pérdida de los jóvenes. Y nosotros como líderes de la iglesia no tenemos a nadie más para culpar que nosotros mismos."

Las personas de edades universitarias se han desconectado de la comunidad cristiana por mucho tiempo. La mayoría de las iglesias parecen estar batallando con este problema y sin embargo la poca acción que vemos sugiere que no nos interesa mucho lo que pase con los universitarios. Les garantizo que muchas de las conversaciones que se tienen hoy en día tienen que ver con esa disociación que existe cuando los chicos salen de la secundaria, y esto sucede mucho más que antes, pero esta discusión debiera ser una de las más importante dentro de la iglesia. En lugar de eso, cuando los jóvenes se gradúan de la secundaria, nuestras acciones les están gritando esto: "Ya no nos importa más tu vida. No perteneces a nuestra iglesia. No eres lo suficientemente importante para nosotros así que no esperes que dediquemos tiempo de calidad en ti."

He invertido la última década trabajando con personas de estas edades y preguntando a docenas y docenas de iglesias tratando de averiguar las respuestas a estas grandes preguntas en la disociación de los universitarios: ¿Por qué se desconectan después de la secundaria? ¿Estamos como iglesia cometiendo errores que contribuyen a esta disociación? ¿Qué cambios deben ocurrir en la sociedad para que afecten a las personas en esta etapa de la vida? ¿Con qué situaciones específicas están lidiando estos chicos que no estamos entendiendo o no estamos contribuyendo? ¿Qué podemos hacer para relacionarnos con la mentes y corazones de estas personas durante esta etapa? Este libro es el resultado de hacer esas preguntas e intentar encontrar algunas respuestas. Quiero ser muy claro acerca de algo antes de que empecemos: mi preocupación con ese desapego de la iglesia de los universitarios, no tiene nada que ver con que haya menos personas en la iglesia. Si estás esperando usar este libro como una herramienta de iglecrecimiento, este libro te va a decepcionar. En lugar , la preocupación que tengo es estrictamente con el discipulado. Efesios 4:11-13 describe el cuerpo de Cristo como miembros en el discipulado. La iglesia fue creada para nuestro crecimiento no al revés. El apóstol Pablo escribe: *"El mismo constituyo a unos apóstoles a otros profetas a otros evangelistas y a otros pastores y maestros, a fin de capacitar al pueblo de Dios para la obra del servicio, para edificar el cuerpo de Cristo. De este modo, todos llegaremos a la unidad de la fe y del conocimiento del Hijo de Dios, a una humanidad perfecta que esté conforme a la plena estatura de Cristo".* Al mismo tiempo, si estas personas se separan del cuerpo de Cristo ellos simplemente no pueden madurar.

Si nuestro objetivo es desarrollar cristianos maduros (y espero que así sea), no podemos darnos el lujo de ver a nuestros chicos de edades universitarias simplemente irse de la iglesia. Desarrollar ministerios que nutran y disciplinen universitarios no es opcional para las iglesias. Es parte de nuestro llamado como cuerpo de Cristo.

¿POR QUÉ NO FUNCIONA LO QUE ESTAMOS HACIENDO?

He conocido muchísimas personas que están haciendo su máximo esfuerzo para crear ministerios con edades universitarias efectivos. Ellos planean grandes eventos y conciertos, trabajan en retiros y campamentos, diseñan servicios separados de la iglesla o ensamblan servicios con música contemporánea, todos haciendo un esfuerzo para atraer a los chicos de 18 a 25 años a la iglesia. Lo más probable, es que estos chicos lleguen a los eventos y algunos servicios de la iglesia. Pero no se quedarán mucho tiempo; ellos no se comprometerán. Una vez que la novedad del ministerio se vaya, ellos buscarán alguna otra cosa.

El problema que veo en los ministerios con estos chicos es que el líder tiene las prioridades fuera de lugar. Ellos empiezan deseando el resultado en lugar de empezar con las necesidades reales de las personas que ellos esperan servir. Típicamente cuando iniciamos un ministerio, lo primero que pensamos es cómo hacemos para que las personas lleguen al evento, pensamos en ideas que otras personas han implementado y que parecen que han funcionado. Queremos alcanzar a las personas (lo más que podamos). Así que para muchos de los líderes de ministerios de estas edades el objetivo son los números. Al menos sé que este fue mi caso en particular.

Si tuviera que hacer las cosas diferentes, desearía tener una mentalidad diferente en cómo este nuevo ministerio que estaba levantando pudiera apoyar la estructura general de mi iglesia y un proceso de discipulado a largo plazo con los chicos de 18 a 25, en lugar de eso, me preocupé y me enfoqué en que todo lo demás que pasaba en la iglesia apoyara a mi ministerio. Me preocupaba mucho acerca de que la gente se apareciera en los eventos y que hubieran tenido una buena experiencia (alcanzando así los dos objetivos con los cuales creía que sería un ministerio exitoso). Hubiera podido ser mucho más efectivo en mi ministerio si tan solo mis prioridades hubiesen estado en orden, y muchas más personas se hubiesen involucrado.

Cualquier líder con un deseo de crear un ministerio exitoso para los chicos con edades universitarias, necesita tener un claro entendimiento de dos cosas: cómo es que el ministerio encaja en la iglesia como un todo y qué clase de discipulado mis chicos necesitan. Sin importar qué posición tengas tú o qué tanto hayas estado involucrado en el ministerio, probablemente halles una gran falta de unidad en las iglesias. Este problema de falta de unidad afecta no solo a las personas que asisten a la iglesia, pero aun a las personas que están formalmente haciendo ministerio adentro de la iglesia. Una de las razones más grande para esta división es que a las personas les falta entendimiento de cómo el ministerio personal puede apoyar a otros ministerios en la iglesia. Hemos reclutado profesionales en un área particular que puedan levantar un ministerio dentro de la iglesia, la verdad es que no tiene sentido que un solo ministerio de la iglesia sobresalga de todos los demás a menos que pensemos en la iglesia como un todo.

El liderazgo efectivo en un ministerio con jóvenes de dieciocho a veinticinco, va a ser verdaderamente un trabajo en equipo. He ayudado a muchas iglesias a iniciar un ministerio para chicos de edades universitarias, y puedo decirles que en muchos casos se siente como si ellos fueran "hijastros" en la iglesia. Los líderes en este ministerio no solamente han tenido que ver a estos chicos como parte de un todo en la iglesia, pero a menudo han tenido que explicarles a otros miembros del ministerio por qué ellos son el elemento clave de la estructura general de su iglesia. Si no conoces la respuesta a esta pregunta, sigue leyendo te prometo que te explicaré a lo que me refiero.

En la siguiente sección de este libro iremos más profundo acerca de las necesidades especificas del discipulado en la gente de edades universitarias. Pero antes de que entremos ahí, es muy útil que desenmascaremos uno de los principales mitos acerca de los chicos de estas edades. Este mito básicamente es: "ellos ya son adultos". Sí, ellos ya han alcanzado la edad de dieciocho años, y en un sentido legal ya son adultos. Pero eso técnicamente es verdad solamente en el sentido de que ahora tienen una identificación que dice que son adultos, en cualquier otra área ellos viven un proceso totalmente diferente.

El descubrimiento más importante que he hecho para ser efectivos en el ministerio con chicos de dieciocho a veinticinco es que tenemos que entender el mundo en el cual estos chicos viven. El estar atento a su mundo tiene mucho que ver con lo que ellos necesitan del ministerio. Aun si te consideras un joven que apenas acabas de pasar por esta etapa, es crucial el ser un estudiante de tu cultura en tu país. Las personas de edades universitarias son bombardeadas con mensajes de lo que ellos deben ser y lo deberían hacer. Si puedes poner atención a los cambios culturales, podemos darnos cuenta que más que nunca, los chicos de dieciocho a veinticinco necesitan comunidades de fe que les ayuden a navegar en su viaje hacia la adultez.

Educación superior: la atracción de ir a la universidad en la mayoría de los casos nunca ha sido más fuerte. En una sociedad que te exige educación universitaria, no hay duda de que un título universitario es muy necesario. Hace muchos años la educación en la secundaria era el primer paso hacia la adultez, sin embargo todo esto ha cambiado y ahora cambió a la parte universitaria. El ser graduado de la secundaria no significa nada en nuestro mundo a menos que tengas un título universitario. La estadística nos habla que desde 1970, el número de los chicos de dieciocho a veinticinco años que se han matriculado en las universidades, se ha incrementado en un 97%. Cerca del 40% de las personas están obteniendo su grado universitario después de un plan de cuatro años, cerca del 30% de los graduados llevan su grado más alto con postgrados. Así que es difícil sentirse como un adulto si la escuela es el centro de tu vida.

Adolescencia atrasada: la forma que se mira la universidad y este tiempo es una extensión de la secundaria lo cual significa que los chicos terminando la adolescencia están en sus veinte tantos, a esto se le conoce como una adolescencia extendida. La universidad significa cuatro años más de posponer mi adultez, lo cual involucran decisiones acerca de trabajo y de familia. Hoy en día, el 13% de las personas de veinticinco a veintinueve años aun están en la escuela. Compara esta estadística con el porcentaje de este mismo grupo de dieciocho a veinticinco años cuando estaban en la escuela en 1950, solamente el 9%, estas circunstancias dejan hoy en día a los universitarios en la misma posición que los chicos de secundaria tenían una o dos generaciones atrás, los cuales aun estaban en la adolescencia, preparándose para la adultez.

Vida familiar retrasada: más y más chicos de estas edades tienen que esperar a que terminen la universidad (al menos cuatro años) para poder establecerse como profesionales y poder pensar acerca de matrimonio y paternidad. En 1950, la edad promedio para casarse en las mujeres era de veinte años, y en los hombres de veintidós. En 1970 este promedio había crecido a veintiuno para las mujeres y veintitrés para los hombres, y cuando llegamos al año 2000, el promedio era de veinticinco para las mujeres y veintisiete para los hombres. Los chicos de edades universitarias ahora ven la adultez como un tiempo de estabilidad. Desde una perspectiva adulta, la estabilidad es algo grandioso. Pero para los chicos de edades universitarias, el matrimonio y la familia también marcan el final de la autonomía, la espontaneidad, la exploración y la libertad. Y no tienen prisa alguna para abandonar estas libertades.

Dependencia financiera: hoy, el 73% de los chicos entre dieciocho y veinticinco años, son ayudados financieramente por sus padres. Aun aquellos que no reciben esta ayuda tienden a pensar que sus padres deberían dársela. De hecho este es otro indicador de la adolescencia tardía.

Los años que vienen después de la secundaria ya no son un tiempo de vida adulta independiente, sino de una etapa que requiere de mucho cuidado y nutrición de parte de los adultos mayores. Por estas situaciones, me referiré a esta etapa como la adolescencia tardía y usaré este término de la misma forma que utilizo la edad universitaria.

La extensión de la adolescencia, combinado con demandas únicas que esta tiene en el campo laboral el cual requiere más educación y menos deseo de independencia, han creado una nueva etapa en la vida. Los jóvenes que atraviesan las edades de dieciocho a veinticinco están experimentando cambios que solo se vivieron una vez en la adolescencia. Es un tiempo extremadamente volátil en la vida y la iglesia puede proveer mucha estabilidad en esas necesidades.

Casi puedo saber lo que estás pensando, ya que me he hecho la misma pregunta cada vez que hablo del ministerio juvenil: ¿Por qué llegamos hasta los veinticinco años? Podemos pensar que el tiempo de la universidad terminará a los veintidós años de edad. Pero creo que va más allá y es mejor expandir esta edad hasta los veinticinco ya que nos aseguraremos de estar ministrando a todas las personas que tienen una adolescencia tardía. Si no estás convencido de esto encuentra a un chico de veinticuatro años y pregúntale si él o ella se siente como un adulto. Si él o ella es como cualquiera de los chicos con los que he trabajado en mis años de ministerio la respuesta será un rotundo "en realidad no". Tenemos que reconocer que los años de los dieciocho a los veinticinco son una etapa única en la vida, un tiempo en el cual los chicos atraviesan uno de los periodos más intensos de cambio que nunca experimentarán. Podríamos tratarlos como chicos menores, pero nunca como adultos completos. Están en una etapa como en ninguna otra lo que significa que ellos necesitan un ministerio como ningún otro.

LA SOLUCIÓN QUE NO ES UNA SOLUCIÓN

Muchas de las iglesias han hecho un esfuerzo real para ministrar a los chicos de las edades universitarias. Ellos han sentido la separación que viene después de la secundaria y han trabajado duro para desarrollar programas y servicios que ayuden a estos chicos a mantenerse conectados con la iglesia. Tal vez la solución más popular ha sido los "servicios contemporáneos", que si bien atrae a esta clase de chicos también abre una brecha para adultos jóvenes (de dieciocho a treinta y cinco años de edad) esto evidentemente no apunta a un marco especifico. Este servicio fue creado para llenar esa brecha estructural que existe entre los niños y los llamados adultos con un servicio alternativo, la estructura de la iglesia se ve como el siguiente diagrama:

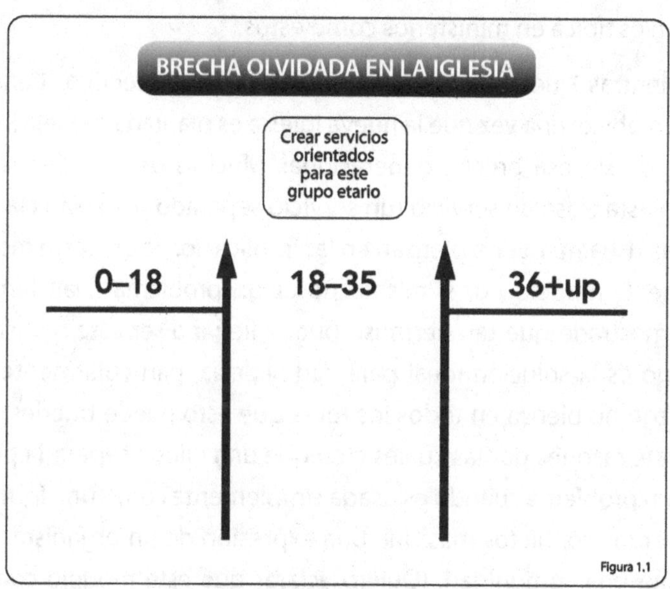

Figura 1.1

La fortaleza de este acercamiento es típicamente que un grupo mayor de personas asista a este servicio, y usualmente son aquellos a quienes no les atrae mucho el servicio tradicional de la iglesia. Pero este acercamiento también tiene muchas debilidades. Puede que este modelo de hacer iglesia retrase un poco la separación de los jóvenes de edades universitarias, pero eventualmente, ellos se darán cuenta que este modelo de tener un servicio exclusivo para ellos hace muy poco para llenar sus necesidades espirituales. Francamente, hace muy poco también para apoyar la estructura general de la iglesia. Un ministerio universitario sano apoya la estructura de la iglesia cuando activamente se preocupan los unos por los otros, la iglesia en general por los chicos y los chicos sumando para la estructura de la iglesia. A fin de cuentas todos pertenecen a una misma iglesia.

Dan Kimball popularizó el modelo de "iglesia dentro de iglesia". En este modelo, un ministerio trabajaba desde dentro de una estructura eclesial, y en muchas funciones como una iglesia separada. De hecho este ministerio en particular llegó a ser una iglesia aparte. Esta progresión es típica en ministerios como estos.

Mientras que este modelo puede ser muy efectivo, tiene un defecto obvio: una vez que la nueva iglesia es plantada, la vieja iglesia se queda sin esa brecha generacional. Muchas de las iglesias que inician esta clase de servicio (un servicio separado para esta clase de chicos), usualmente no piensan en las implicaciones que este modelo les trae. El modelo por sí mismo no es un problema (Dan Kimballl ha demostrado qué tan hermoso puede llegar a ser este ministerio) pero no es la solución ideal para cada iglesia, particularmente si el liderazgo no piensa en todos los retos que esto puede traerles. Aquí hay siete razones por las cuales creo que una iglesia separada puede traer un problema cuando es usada simplemente como una forma de resolver los conflictos más que una expresión de un organismo que necesita una comunidad. (Quiero aclarar que este modelo consiste básicamente en que hagamos un servicio y un programa aparte dentro de la iglesia para los jóvenes de dieciocho a veinticinco sin involucrarlos con los niños o con los adultos).

1. **En raras ocasiones logran el objetivo que queremos:** La esperanza que tenemos con un servicio alternativo es que este incorpore a gente más joven a la comunidad eclesial. Y puede que esto sea cierto para las personas de edades universitarias y que se reúnan en el mismo edificio donde se reúne el resto de la iglesia pero esto no significa que se están incorporando al cuerpo eclesial. Sucede exactamente lo contrario. Los chicos de estas edades están siendo segregados no integrados. Les garantizo que un servicio separado a menudo atrae a un gran número de personas y esos números pueden ser muy motivantes para los líderes de la iglesia. Pero también he encontrado que dificulta mucho la creación y unificación de una iglesia integral.
2. **Usualmente se enfoca en el servicio de la iglesia:** Este acercamiento pone mucho énfasis en el servicio de la iglesia como un medio para conectarnos y discipularnos. Además crea un ambiente donde la asistencia a la iglesia define el involucramiento. El punto de asimilación no es asegurarnos de que los chicos universitarios se aparezcan cada domingo, sino ayudarles a comprometerse en una vida eclesial, con su fe, y en formas más profundas y significativas mientras van creciendo. Cuando nuestra estructura sugiere que el servicio del domingo es la forma primaria de compromiso, inevitablemente perderemos a nuestros chicos.
3. **Puede crear dificultades en la enseñanza:** Si bien es cierto que cuando enseñas o predicas a una audiencia todos te van a escuchar, la realidad es que no siempre "das en el blanco" para todos. Un joven de dieciocho años tiene muy poco en común con un joven adulto de treinta y cinco. Esas diferencias hacen que sea difícil el concentrar e intensificar las necesidades de la adolescencia tardía en medio de un contexto de discipulado. Ellos tienen características únicas

y llenar las necesidades de estas características es algo vital para mantener a las personas comprometidas.

4. **Puede crear división:** A pesar de que este modelo puede ser efectivo en la vida de los jóvenes de edades universitarias he encontrado problemas porque esto crea un abismo entre las generaciones. Es algo muy natural, lo que les estás diciendo a las personas es que no tienen nada en común con las otras personas y por eso es que tenemos que hacer un servicio aparte. No compartimos los gustos musicales, y no compartimos la cultura. En lugar de hacer sentir a todo el mundo como parte de la misión de la iglesia este acercamiento le comunica la diferencia que hay entre los valores, no en las similitudes. Tener a personas en servicios aparte le comunica a los demás un problema de la iglesia: "los jóvenes de edades de edades universitarias no están conectados con la vida de la iglesia".

5. **Hace que el discipulado sea más difícil:** El abismo entre las generaciones hace que sea más difícil para las personas seguir el mandato bíblico en el cual los hombres mayores y las mujeres mayores inviertan en la mentoría de los jóvenes (2 Timoteo 2:2, Tito 2:3-5) es un principio bíblico que los mayores puedan enseñar a los menores. Si nos enfocamos en las diferencias entre las generaciones en lugar de las similitudes, este modelo hace que sea aun más difícil para los mayores, y cristianos más maduros el invertir en la vida de los chicos de edades universitarias y ciertamente no hace que los mayores sean una fuente atractiva de conocimiento para los jóvenes.

6. **Puede causar tensiones entre los líderes:** Tristemente, cuando nuestros ministerios llegan a ser exitosos y alcanzan un gran número de personas, este puede llegar a un punto de

envidia entre el pastor general y el líder de este servicio contemporáneo. Los líderes de los servicios contemporáneos pueden caer víctimas de hasta sus propios egos, creyendo que ellos podrían ser más exitosos si ellos no estuvieran bajo las restricciones de la iglesia madre. A menudo esta clase de tensiones son las que llevan a un líder a plantar una nueva iglesia, la cual a menudo deja a la iglesia original en un predicamento peor ya que se ha llevado a todas las personas de dieciocho a treinta y cinco años.

7. **Es una solución temporal:** Estos servicios típicamente terminan ministrando efectivamente a uno de los dos extremos del rango de edades, y apartando al otro. Hay una vasta diferencia entre los jóvenes de dieciocho años y los adultos jóvenes de treinta y cinco años, y el ministerio al final se inclinará hacia uno de estos extremos. Estos servicios usualmente empiezan como un medio para atraer a las personas más jóvenes, pero como no hay un proceso de asimilación, nadie quiere encargarse de las personas "viejas". Así que el ministerio se enfatiza en una de las dos aéreas. De esta forma el énfasis del ministerio se va con los más pequeños y nos daremos cuenta más adelante que los chicos universitarios vuelven a quedar desconectados una vez más.

Creo que este acercamiento es un arreglo temporal, no una asimilación a largo plazo. Pero en este momento, parece ser que es la única solución para crear un puente entre la brecha generacional. Mi esperanza es ver iglesias que puedan adoptar diferentes acercamientos que duren para toda la vida.

EL VERDADERO OBJETIVO DE UN MINISTERIO PARA JÓVENES DE DIECIOCHO A VEINTICINCO

Las iglesias tienen un problema: los chicos que se gradúan de la secundaria se desconectan de la iglesia, y en la mayoría de los casos ya no regresaran. Estamos en una búsqueda desesperada de formas que nos ayuden a mantener a estos chicos involucrados con la iglesia (no únicamente por la salud de la iglesia pero también por la salud de estos chicos), necesitamos ministerios que hagan un puente generacional entre los niños y los adultos, no hay un ministerio que pueda llenar esta necesidad como el ministerio para jóvenes con edades universitarias. La siguiente figura muestra el rol que un ministerio de dieciocho a veinticinco juega en el contexto de la iglesia local.

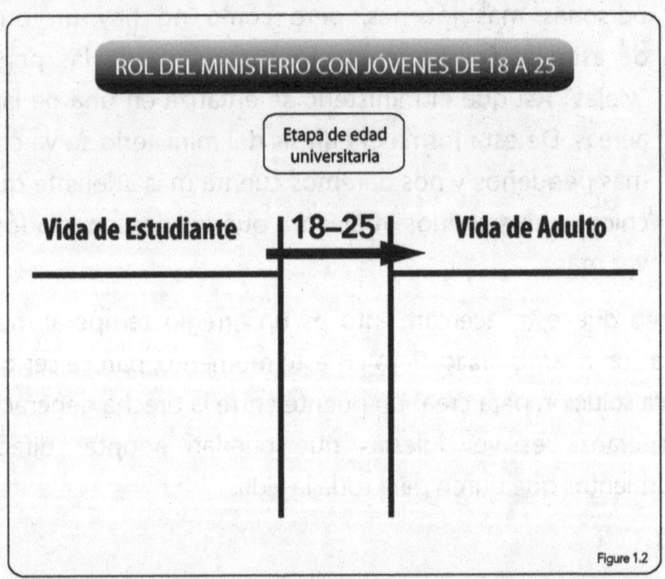

Figure 1.2

El objetivo de este ministerio es asimilar la adolescencia tardía dentro del cuerpo de la iglesia (note que no dije dentro de los servicios de la iglesia), con el fin últímo de poder producir creyentes maduros que puedan vivir su vida en fe. La buena noticia es que la iglesias no necesitan grandes presupuestos o servicios separados o aun eventos grandes para lograr estos objetivos. Si podemos encontrarnos con estos jóvenes en donde ellos se encuentren, y guiarlos de regreso a la vida y el cuerpo de nuestras iglesias, habremos hecho lo que se supone que debemos hacer.

Los años entre los dieciocho y los veinticinco marcan una etapa de la vida cuando las personas están en una transición de la vida de niños de dependencia a la madurez independiente. Tienen los pies puestos, uno en un terreno de jóvenes y el otro en terreno de adultos pero ninguno de ellos tiene una solidez para mantenerlos. Este ministerio va a llenar la necesidad en la vida de los jóvenes que están caminando a través de este proceso de madurez, con amor, con cuidado, entendimiento y paciencia. La forma que este ministerio se mire va a variar ampliamente de iglesia en iglesia, pero la misión es la misma, podremos ver entonces un cambio revolucionario en nuestras iglesias. Lo hemos visto en nuestra propia iglesia. Los chicos dentro de nuestro ministerio que terminan el proceso, salen sintiéndose seguros de sí mismos, con un fundamento firme en su fe, y más que todo, con una integración esencial para la vida de nuestra iglesia. No simplemente se sienten cómodos, sino que además sienten que pertenecen a la iglesia. El ministerio para las personas con edades universitarias es uno de los más sub utilizados, subestimados y menospreciados que la iglesia tiene hoy porque no es entendido en su contexto. Los líderes de las iglesias locales tienen que ver cómo apoya este ministerio la estructura general y el proceso de madurez de las personas. Sin un ministerio apropiado de personas de edades universitarias, ambos quedarán con problemas (la iglesia y el ministerio). Si tú quieres ser parte de este cambio y de esta dinámica, sigue leyendo.

SECCIÓN 2:
Entendiendo a los chicos de edades universitarias

CAPÍTULO 2

LA CRISIS UNIVERSAL DE IDENTIDAD

Hace algunos años en el 2003, en una tarde de octubre, me senté afuera de mi restaurante favorito con Landen, un universitario de la universidad de California. Este era su primer año. Había conocido a Landen hacía un par de años y lo había estado discipulando mientras hacía la transición de la secundaria a la universidad. Mientras me tomaba mi café, Landen me hablaba acerca de su experiencia universitaria. Me di cuenta que era exactamente lo opuesto a lo que él estaba esperando.

Como la mayoría de los estudiantes al ingresar, Landen estaba muy emocionado de conocer a diferentes personas y de entrar a esta nueva etapa de su vida. Pero como muchos otros, Landen se estaba sintiendo separado de su vida previa y de su nueva vida. El no estaba seguro en la forma en que encajaba en todo esto.

En la secundaria Landen era muy popular, tenía una novia formal, era presidente del club cristiano, y era muy buen atleta. Esta clase de actividades no solo lo mantenían ocupado; sino que lo hacían sentir bien. Toda esta clase de actividades le daban un sentido de identidad. El era Landen, el tipo jovial, divertido, y famoso. A fin de cuentas, un buen chico.

Una vez que entró a la universidad, Landen empezó a sentirse aislado. Todos sus amigos se habían ido en direcciones diferentes después de la secundaria. Las cosas no estaban funcionando bien con su novia. En la universidad él era uno más de los muchos atletas. Sus logros en la secundaria no importaban mucho en la universidad, así que él se encontró iniciando nuevamente desde el paso uno, tratando de darse cuenta quién era él, y en qué forma era diferente a los demás, y cuál era su rol en esta nueva comunidad.

Landen no está solo en esta búsqueda. Este sentimiento de separación es algo natural en la transición después de la secundaria (es muy posible que tú también hayas sentido esa separación). Si es así, entenderás que cuando tú pierdes el sentido de quién eres, una serie de nuevas preguntas surgen a la superficie: ¿Quién soy yo? ¿Cómo encajo en todo esto? ¿Qué es lo que me hace ser único? ¿Qué es lo que voy a hacer con mi vida? Este tiempo de cuestionamiento y de búsqueda puede ser corto y un poco doloroso. De igual manera puede ser tan desorientador que las personas se encuentran a sí mismas siguiendo rastros por todos lados para tratar de encontrar las respuestas. Una de las funciones primarias en el ministerio con jóvenes de estas edades, es guiar a las personas a través de esta búsqueda.

¿QUIÉN SOY YO?

Existen muchas teorías que explican la formación de la identidad. La más conocida viene de un psicólogo llamado Erik Erikson, quien propuso ocho etapas en el desarrollo, empezando con la infancia, siguiendo la niñez, adolescencia y adultez. Las etapas de Erikson describen cómo la identidad se desarrolla a través de la vida. Mientras que sus ideas son inmensamente útiles, también pueden ser un poco frustrantes para aquellos que trabajan con jóvenes de estas edades y que aun no han terminado su desarrollo de identidad.

Otro académico, James Marcia, toma las etapas de Erikson y las divide en cuatro áreas especificas. De acuerdo a Marcia, el típico adolescente cambia de una a otra de estas etapas de la formación de identidad:

1. Etapa número 1 : en esta etapa la persona realmente no tiene un sentido de identidad y realmente no desea averiguar cuál es. Él o ella batallan con el compromiso y no están buscándose a sí mismos.
2. Etapa número 2: la mayoría de los adolescentes en la secundaria se encuentran en esta etapa. Tiene una identidad, pero está basada solamente en la expectativa y los valores de otros (padres, amigos, la cultura adolescente) en lugar de tener su propia exploración y valores (una vez más ellos no están buscando, simplemente están adoptando la identidad).
3. Etapa número 3: en esta etapa de crisis de identidad, una persona está explorando sus opciones pero no ha llegado a una conclusión acerca de quién es y qué es lo que quiere en la vida. En esta etapa hay mucha búsqueda pero no mucho compromiso.
4. Etapa número 4: en esta etapa la persona encuentra un sentido de identidad, su identidad aún se esta desarrollando, pero en el entendimiento básico de quién es el o ella y cómo encaja en su cultura es más claro. El o ella demuestra un gran compromiso y la búsqueda no es tan intensa.[3]

He encontrado que estos cuatro niveles son muy útiles para entender el proceso a través del cual estos chicos de estas edades encuentran un sentido de identidad. Pero tanto el trabajo de Erikson como el de Marcia, está limitado a las perspectivas sociológicas y psicológicas. Ellos no incluyen el elemento espiritual en esta búsqueda de identidad.

En mis años trabajando con chicos de estas edades, he usado las categorías de Marcia como un fundamento para lo que he encontrado que son las cinco bases espirituales en la formación de identidad. Les tengo un nombre a cada una de estas y son las siguientes: el sustituto, el flotador, el explorador, el hacedor de tiendas y el teólogo.

Antes de entrar en más detalles acerca de estas etapas he de decirte una vez más que la formación de identidad no solamente es un asunto más a tratar para los chicos de estas edades. Sino que es El asunto a tratar. Conozco muchos líderes que se preguntan por qué necesitan entender esta formación de identidad. Ellos creen que si simplemente les enseñamos la palabra de Dios, entonces la identidad vendrá a sus vidas. Pero esta búsqueda de identidad es tan importante, que dependiendo de cómo definan ellos esto entonces entenderán así la palabra de Dios. La identidad determinará cómo ellos miran la vida, influirá en si realmente se tomarán la fe de una manera seria en el futuro. Si ellos no logran tener una clara identidad en esta etapa de la vida, me atrevo a decir de que nunca llegarán a tener una identidad clara. No podemos ministrar efectivamente a los chicos de estas edades si no nos encontramos con ellos a la mitad donde sus cambios de vida mas profundos están ocurriendo. Este proceso adquiere mejor sentido cuando conocemos un poco acerca de la forma en que la identidad se forma un poco antes de la adolescencia. Los chicos pre adolescentes encuentran su identidad casi exclusivamente en el contexto de la familia. Cualquier otra relación (padres, vecinos, la familia extendida) están en la vida de este niño, desde luego, pero aun estas relaciones típicamente incluyen un nivel de involucramiento de la familia. Como sabes, esta dinámica relacional inicia con el cambio alrededor de los diez años, cuando la conducta del adolescente y sus actitudes empiezan a incomodarlo. Finalmente, la vida del chico se va a expandir más allá de su familia y va a incluir relaciones con sus pares.

Si has estado involucrado en algún tipo de ministerio preadolescente, habrás visto cómo sucede esta transformación. Aquel niño de nueve años que tenía miedo de dejar a su mamá se convierte en un chico de doce el cual no quiere que su madre se aparezca en el grupo. A pesar de lo irracional que este comportamiento le puede parecer a los adultos, es una parte necesaria en la formación de su identidad. Para que los adolescentes lleguen a ser adultos saludables, ellos deben tener la capacidad de funcionar fuera de su familia. Estabilidad significa buscar en sus pares qué es lo que es aceptable y qué es lo que no es aceptable.

Durante la primera etapa de la adolescencia (generalmente entre los catorce y diecisiete años), la identidad aun se está formando a través de las relaciones con los pares, pero una nueva influencia (podemos llamarlo atmósfera social) ha entrado en la ecuación. Una atmósfera social puede ser la escuela, la iglesia, algún equipo deportivo, el hogar, la casa de algún amigo en particular, o simplemente un lugar donde los adolescentes se sientan bien acompañados de otros adolescentes. Cada atmósfera social tiene sus propias reglas y expectativas de comportamiento, y los chicos entre los catorce y los diecisiete años son particularmente sensibles a estas reglas y expectativas. Así que este chico tiene que tomar una serie de decisiones acerca de cómo poder encajar y funcionar en estas atmósferas.

Por ejemplo, una fiesta requiere una serie de ciertas características y comportamientos para que una persona realmente encaje y pueda jugar un papel activo en la fiesta. Los requerimientos de una fiesta son muy diferentes por ejemplo a los requerimientos de un grupo de jóvenes. Ya que el adolescente quiere encajar y funcionar en ambas atmósferas sociales, él o ella van a ajustar su identidad a cada uno de los ambientes. La verdadera identidad entonces es sustituida por lo que la atmósfera social requiera. Con esta idea podemos entrar en una de las primeras cinco etapas de identidad para los jóvenes de edades universitarias: El sustituto.

EL SUSTITUTO: "PARECÍA UNA BUENA IDEA EN EL MOMENTO"

Como los adolescentes están sufriendo un cambio entre su personalidad de fiesta y su personalidad de iglesia, el sustituto no se ha comprometido a una sola identidad en particular. Mientras que esta parte de su formación de identidad es típica para un adolescente medio, él, muchas veces continúa hasta el final de la adolescencia. El sustituto es extremadamente susceptible a la presión de grupo y al comportamiento inconsistente. A menudo toma decisiones que le permiten encajar en una atmósfera social sin realmente entender las implicaciones de esas decisiones. Piensa en algunas parejas que se han casado justo al haber terminado la secundaria. Ellos se han comprometido en una relación en un esfuerzo por encajar a una atmósfera social sin realmente entender lo que este compromiso involucra. Lo mismo sucede con los estudiantes de edades universitarias que ingresan a fraternidades como un esfuerzo para encontrar una identidad en la universidad. Ellos sustituyen su propia identidad por la del grupo. La atmósfera social ha influido en una gran forma a su compromiso, pero el sustituto explora su identidad personal muy poco afuera de este contexto.

EL FLOTADOR: "UNICAMENTE ESTOY ESPERANDO A VER QUÉ SUCEDE"

¿Has conocido a esos jóvenes en edades universitarias que no tienen dirección en la vida? ¿Aquellos que van de trabajo en trabajo cada cierto tiempo? ¿O aquellos que cambian de carrera cada semestre? Esos son los flotadores. Pero los flotadores no son necesariamente vagos o desenfocados. Ellos están en una etapa de desarrollo normal que a menudo resulta de la presión de hacer algo con sus vidas. Algunas veces el responder estas preguntas es tan abrumador que ellos evitan tomar la decisión en el momento, y entonces posponen durante mucho tiempo su decisión. Evidentemente esta es una falta de compromiso. En lugar de eso, el flotador vive el día a día y no piensa mucho en lo que pasará más adelante. Puede que veas algunas pistas de que la búsqueda se solidifica más mientras avanza el tiempo, pero la identidad se encuentra en las circunstancias actuales de cada persona. El flotador no está explorando la identidad tanto como pareciera estarlo haciendo. La exploración requiere intencionalidad y pensamiento. Es un esfuerzo real intentar acoplarse a una nueva identidad y ver cómo encaja en todo su contexto. Pero el flotador no está realmente buscando, él está contento mientras flota en diversas situaciones.

EL EXPLORADOR: "QUIERO INTENTAR HACER COSAS DIFERENTES"

Esta etapa es la opuesta al sustituto. El sustituto se compromete sin explorar, el explorador explora sin compromiso. En mi experiencia, la mayoría de los chicos en edades universitarias se encuentran en esta etapa. Ellos formulan su forma de verse a sí mismos primariamente a través de las relaciones, los estudios y el trabajo. Pero a diferencia del flotador, el explorador está poniendo más pensamiento e intensión en esta parte de su vida. El explorador está intentando encontrar una carrera que lo lleve a algo, salir con la chica con la que se quiere casar, e intentar trabajar con los empleos que tengan alguna conexión con su estilo de vida. Este nivel no tiene un involucramiento completo, pero es muy significativo hacia el desarrollo personal.

La etapa del explorador sucede cuando un chico de estas edades desarrolla la habilidad cognitiva a través del proceso en el cual Elkind se refiere como "la diferenciación y la integración". En lugar de tomar decisiones emocionales y apresuradas como el sustituto o el flotador, el explorador se compromete a un proceso de pensamiento consciente que toma lugar durante algún tiempo. Este proceso es esencial para una formación de identidad saludable.

La diferenciación y la integración inician en el momento en el que el adolescente comienza a darle más importancia a las características individuales y de las personas y a las atmósferas sociales alrededor de ellas. Ellos miran cada cosa por los valores y actitudes que ven en otros que tengan que ver con los deberes requeridos para un trabajo. Los exploradores suelen categorizar esta información como respetable y deseable o indeseable. Ellos empiezan a considerar cómo es que encajan con estas personas y atmósferas (y si realmente quieren encajar en la misma) ellos empiezan a diferenciarse e integrarse. Ellos diferencian las características de aquellas personas que les rodean que son diferentes a las suyas propias. Después de esto ellos escogen algunas de estas características que ellos quieren que sean parte de su propia identidad y rechazan aquellas que no quieren imitar. Obviamente este acercamiento cognitivo abstracto demanda un nuevo nivel de conciencia personal y esa conciencia personal es perpetuada a través de esta etapa; entre la persona más diferencie e integre, la persona cada vez se va a diferenciar más de los demás.

EL HACEDOR DE TIENDAS: "ESTO ES LO QUE SIEMPRE HE QUERIDO HACER CON MI VIDA"

Esta etapa marca el balance entre la exploración y el compromiso. Esta persona ha ido experimentando diferentes procesos significativos en su vida, las cuales le han dado la capacidad de concretar algunas decisiones acerca de quién es él o ella. El hacedor de tiendas tiende a tomar decisiones que le beneficien a nivel personal ya que ha entrado en el proceso de diferenciación e integración. Debido a este proceso de pensamiento consciente, el hacedor de tiendas está en mayor capacidad de poder obviar la presión de grupo y poder ser fiel al compromiso que él o ella han adquirido con respecto a su identidad.

Para Marcia, esta etapa podría representar la última de sus etapas. Sin embargo, yo no considero que este sea el final en las etapas de una persona en edad universitaria. Marcia basa su sentido de logro en un logro sociológico. Él sugiere que la identidad está determinada cuando una persona escoge una carrera, una relación, y una situación de vida. A pesar de que estas son decisiones claves para hablar de estabilidad, ellos usualmente cambiarán. Esta etapa es una tienda, no su hogar permanente en una fundación sólida y puede ser peligroso para una persona asentarse en esta etapa. El sentimiento de logro llega en este nivel, pero si las circunstancias cambian, estos sentimientos pueden volverse en depresión, el resultado es un ciclo sin fin de una crisis y cambio de identidad (observa la siguiente figura) Es por eso que he agregado un nivel más en la formación de identidad, en el cual la identidad de la persona se mueve mucho más allá que cualquier marcador sociológico.

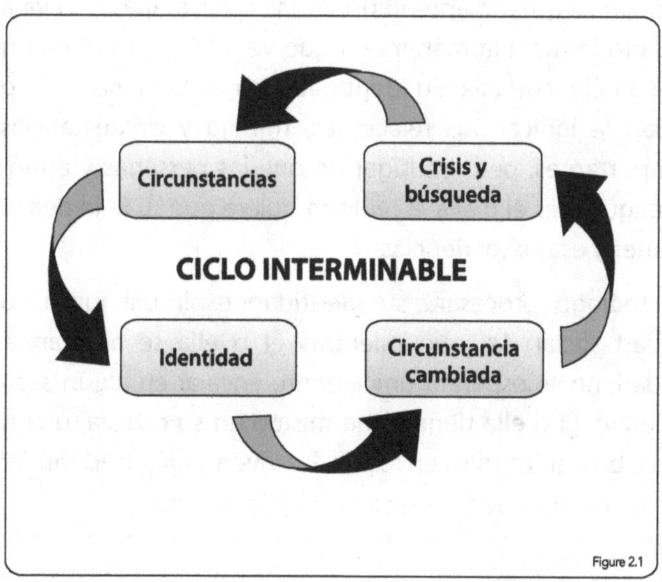

Figure 2.1

EL TEÓLOGO: "SOY UN HIJO DE DIOS"

Nuestro trabajo como líderes y ministros es ayudar a los chicos de edades universitarias a ir más allá de su tienda temporal en medio de las circunstancias. Ellos necesitan algo más estable, más permanente. Esa etapa de identidad más madura, es de lo que el teólogo habla.

Cuando me refiero al teólogo, no estoy hablando de aquella persona que ha pasado por un seminario bíblico y que puede escribir libros de teología. Me refiero al verdadero sentido de la palabra: aquel que estudia a Dios. Nuestro deseo más profundo para nuestros chicos con los cuales trabajamos es que ellos lleguen a conocer a Dios y vivan una vida que honre a Dios. Y esa esperanza únicamente se verá realizada cuando ellos encuentren su propia identidad solamente en El.

Si se fundamenta la identidad de los chicos en Dios, el teólogo va a tomar lo que ha aprendido de las otras etapas y lo va a usar para darle forma a la manera en que ve a Dios y lo que él quiere hacer con él o con ella. Su identidad está en Dios, no en lo que la sociedad le indica. Sus relaciones, trabajo y circunstancias aun son importantes, pero en lugar de que las personas y atmósferas definan quién es él o ella el teólogo quiere que su fe le defina esas relaciones y esas experiencias.

El teólogo procesará su identidad espiritual junto con su identidad social. Así que mientras él o ella se acercan a esta identidad, no se esperará únicamente encajar en algún sector de la sociedad. Él o ella tienen una misión en su cabeza, una que le inspira a buscar los roles en los cuales viven según la identidad que tienen como hijos de Dios (vean la siguiente figura).

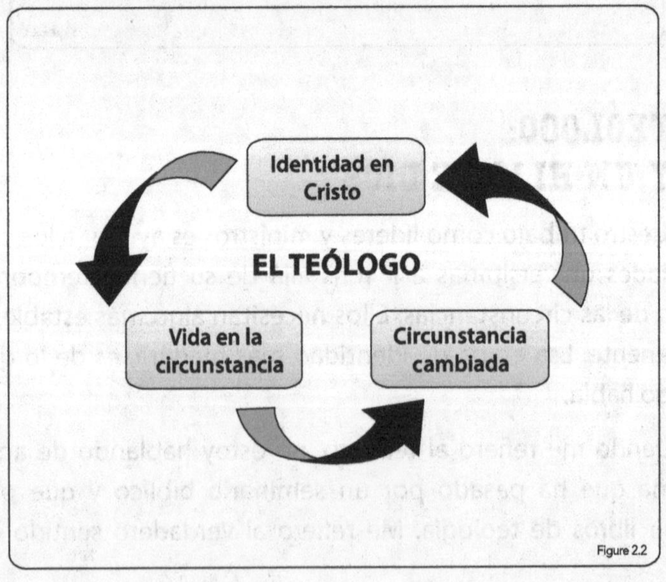

El teólogo puede enfrentar diferentes situaciones y cambios en la cultura sin que le vayan a afectar, ya que las circunstancias mismas no son las que le definen. Él o ella encuentran el significado de su vida en algo que nunca cambia, no importan las circunstancias.

Volvamos por un momento a la situación de Landen. Él perdió la identidad que había encontrado en las circunstancias de la secundaria. La secundaria le proveyó de una tienda, pero las tormentas que sufrió en su transición a la universidad, simplemente le destruyeron esa tienda. Cuando me encontré con él, se encontraba buscando una nueva identidad, algo más fundamentado. Él estaba en el modo "flotador". No tenía ningún sentido ni dirección y no estaba seguro de dónde buscar respuestas. Su instinto inicial era encontrar algo en su nueva atmósfera social con lo cual pudiera identificarse (una nueva novia, un nuevo deporte, un nuevo rol en la universidad). En este punto Landen podría haberse ido por dos direcciones y encontrar una identidad: hacia las circunstancias o hacia su fe. El había llegado a una encrucijada en su camino y necesitaba a alguien que le ayudara a escoger su rumbo.

Este momento de decisión es quizás el más importante en la vida. Es por eso que los líderes de jóvenes de edades universitarias son tan importantes (no únicamente para los chicos a los cuales servimos, también para la iglesia misma). Simplemente no podemos mirar la vida de estos jóvenes como Landen alejarse de Cristo. Tenemos que entender su crisis de identidad y guiarlos a través de esta etapa con compasión, sabiduría, y oración.

CAPÍTULO 3

LA IDENTIDAD DESPUÉS DEL FIN DE SEMANA

A menudo utilizo una película llamada "The Breakfast Club" (el club del desayuno) como un gran ejemplo de la búsqueda de identidad que vemos en las personas de edades universitarias. Cada uno de los personajes de esta película tienen un sentido de identidad previo a ingresar la biblioteca ese sábado. Una de las chicas es una artista la cual viste con ropas oscuras y tiene una personalidad retraída. Está también el chico que siempre viste con su chaqueta de cuero y trata de complacer a su padre al convertirse en una estrella de la lucha, la chica popular lidiando con la presión de estar siempre a la moda y mantener su popularidad, el rebelde que es un claro producto de su padre abusivo y el académico estudioso que tiene una buena relación con su familia y sin embargo está completamente desconectado de la vida social de la secundaria. Ellos llegan un sábado en la mañana a cumplir penitencia en la secundaria con sus diferentes trasfondos, valores, identidades, que van hacer formadas a lo largo de ese singular día. Mientras el día transcurre, y también la película, una nueva atmósfera social se crea, una que cambia la identidad de cada uno de los personajes.

Cada uno de ellos inicialmente se resiste a este cambio, pero al final del día, su nueva atmósfera (una en la cual la honestidad y la vulnerabilidad son respetadas y se requiere para que funcione) los ha afectado a todos. Cuando la película termina, ellos están conectados los unos con los otros simplemente ajustando la atmósfera que ellos compartieron.

Sin embargo, imagina si la película nos hubiera mostrado a esos mismos chicos devuelta a la escuela el lunes en la mañana. Tal vez su conexión duraría durante el día, tal vez durante la semana. Pero tarde o temprano, estos personajes volverían a caer en sus identidades previas, aquellas que les funcionan en esas atmósferas que ellos enfrentan cada día. El compromiso que tienen hacia la honestidad y vulnerabilidad de aquel sábado, se desvanecería tan rápido como apareció.

Los modelos existentes del ministerio juvenil a menudo actuamos de la misma forma que esta película. Los ministerios, campamentos, retiros, reuniones o conferencias de fines de semana, son estructuras que están designadas a crear una única atmósfera social con la esperanza de que nuestros jóvenes puedan encontrar una identidad conocida como cristianismo. Pero al igual que la película, este sábado en la mañana, puede modelar un falso sentido de identidad, uno que puede despistar a los líderes tanto como a los jóvenes.

Permíteme mostrarte los retiros de campamentos como un ejemplo de lo que estoy hablando. Usualmente doy charlas en muchos campamentos, y veo el mismo patrón repetirse una y otra vez cualquiera sea el lugar al cual yo vaya. Después de uno o dos días, la mayoría de los jóvenes cambian a modo "campamento" y su identidad se ve radicalmente afectada, esta identidad refleja lo que es respetado y lo que se requiere para poder encajar en este ambiente social.

Aquellos chicos en la secundaria a los cuales jamás podríamos ver cantando enfrente de sus amigos, de pronto se comprometen a hacer el "ridículo" en un ambiente de campamento. Aquellas chicas que duran entre 2 y 3 horas en alistarse para lucir espectaculares, desayunan vistiendo sus ropas de dormir y sin maquillaje. Los chicos se unen a actividades las cuales a ellos les parecerían tontas o infantiles en una atmósfera social de la secundaria, pero en el campamento, la cultura del ridículo es respetada.

De manera más importante la fe es algo respetable. La atmósfera social del campamento requiere y premia el compromiso con la fe. Llega a ser algo normal y natural tener una identidad en Cristo, pero a menos que el líder del grupo conozca cómo ayudar a los chicos en esa transición del campamento a sus otras atmósferas sociales, la identidad de fe que se ha trabajado en el campamento será remplazada con cualquier otra identidad que les funcione cuando regresen a casa.

No quiero minimizar lo que Dios puede hacer en los campamentos, pero mi temor es de que las decisiones sin compromisos que se hacen en los campamentos o en cualquier tipo de retiro o algo por el estilo, a pesar de que sean auténticas, muy a menudo sean decisiones que son respetadas únicamente en esa atmósfera particular.

Estas a menudo no son decisiones concienzudas nacidas de una convicción verdadera. Como líderes, a menudo creamos esta atmósfera de "sábado" sin preparar a nuestros chicos para sus ambientes de los "lunes". El resultado no es nada más que una identidad cristiana sustituta.

El cristianismo llega a ser un disfraz que usamos para ciertas atmósferas y que con mucha facilidad puedo quitármelo o ponérmelo. Podemos ayudar a nuestros chicos a que este no sea un disfraz sino una forma de vida permanente que puedan utilizar en cualquier atmósfera social.

Una de las cosas que más disfruto en el ministerio con jóvenes de edades universitarias es ver el cambio que sufren en sus cerebros cuando hablamos de pensamiento abstracto. Este proceso que inició algunos años en la adolescencia por fin alcanza una parte más alta. Esto significa que esta transición entre el pensamiento abstracto y pensamiento concreto es una herramienta muy útil por el líder ya que puede generar pensamientos y discusiones muchos más profundas de lo que podría haber hecho 1 o 2 años atrás.

Es este cambio cognitivo el que nos hace posible tener conversaciones acerca de atmósferas sociales con las personas de edades universitarias. Un chico de 16 años puede tener una idea general del concepto, pero no tiene la habilidad para hacer algo respecto al mismo en su vida, sin embargo los chicos de 19 años, por ejemplo, pueden no únicamente entender la idea de ambiente social, pero también pueden considerar el impacto que este tiene en la identidad de su vida. De esta forma, como líderes, cuando hablamos acerca del esfuerzo que ponemos en crear un ambiente en particular ya sea en el campamento o en el retiro, los chicos lo entienden. Y cuando hablamos con ellos acerca de la dificultad de mantener una identidad que no dependa de las atmósferas sociales, ellos también lo entienden.

Me he dado cuenta que la mayoría de los jóvenes de estas edades anhelan esta clase de identidad. A ellos no les gusta el sentimiento de estar cambiando cada vez que la situación cambie. Ellos quieren sentirse confiados en quienes son ellos, sin importar dónde se encuentren. Podemos ayudarles con seis herramientas que he encontrado que son especialmente útiles en mi trabajo con personas de edades universitarias.

1. CONÓCETE A TI MISMO

Primero y más importante, aquellos que trabajamos con personas de edades universitarias necesitamos tener bien definida nuestra identidad en Cristo. Tenemos que estar seguros de que tenemos un sentido de identidad que vaya mucho mas allá de las circunstancias o la vocación. Si no es así, entonces las personas con las cuales estamos trabajando, tampoco tendrán ese sentido; solo podemos liderar a otros hasta el punto donde nos hemos liderado nosotros mismos. Desde luego no tenemos que tener todo resuelto en nuestras vidas, sin embargo, el ser honestos acerca de nuestras luchas y nuestras tensiones al encontrar y abrazar nuestra identidad en Cristo, puede ser reconfortante y una guía para otros.

2. OBLÍGALOS A PENSAR

He aprendido que hacer preguntas es una manera increíble para ayudar a estos chicos a pensar mas allá de los conceptos abstractos. Me he dado cuenta que hay tres preguntas en particular que les pueden ayudar (sin importar en cuál etapa de la formación de identidad se encuentren) a ir hacia la etapa del teólogo.

La primera pregunta es: *"¿quién eres tú?"*. Un chico llamado Scott se acercó a mi una noche después de una reunión de grupo. Me dijo que le gustaría ser un pastor a tiempo completo y se estaba preguntando si yo podría ser su mentor. Le dije que me encantaría hacerlo, así que nos pusimos una hora para reunirnos.

Empezamos a hablar acerca de su vida en la universidad, su novia, sus intereses. Y luego le pregunté: *"¿quién eres tú?"*. Cada vez que hago esta pregunta a chicos de edades universitarias, siempre recibo la misma respuesta. Empieza con un silencio incómodo el cual dice: en realidad nunca he pensado acerca de esto. Pero ya que no quieren quedarse sin dar una respuesta, empiezan a decirme acerca de su personalidad, intereses y actividades. Y cada vez que yo recibo esa respuesta, entonces les digo: "Así que, es eso lo que te define" y recibo otra vez un silencio incómodo.

Sé que suena un poco irritante hacerles una pregunta que sé no pueden responder, pero prefiero que se mantenga ambigua porque quiero saber cómo se miran a ellos mismos. Sus respuestas me dicen qué tipo de discipulado necesito hacer con ellos. Me dicen cuánto han pensado ellos en este concepto. Me dan una idea en qué etapa de la formación de su identidad se encuentran y cuánta ansiedad sienten al acercarse a esta etapa.

Además me aclaran en el tema de su fe y para la mayoría, la respuesta es que no tienen un sentido claro que les define su fe y a sí mismos. La tentación en este punto es decirles lo que ellos necesitan hacer para encontrar una respuesta a mi pregunta o mencionarles que ellos tienen que buscar una identidad en Cristo. Es esencial que yo actúe de una manera distinta a lo que ellos han recibido. Es importante que ellos puedan encontrar a través de su propio esfuerzo una respuesta a esta pregunta. La mayoría de estos chicos han pasado sus vidas con personas que les han dicho lo que tienen que hacer y cómo tienen que hacerlo. Los años después de la secundaria marcan ese tiempo donde a ellos se les permite y se les anima a tomar sus propias decisiones acerca de lo que son y de lo que hacen. Por más doloroso que pueda ser esto para ellos, el llegar a saber quiénes son y lo que hacen, y lo que no hacen, les define de una forma buena, saludable y aun divertida este proceso. Una instrucción más intencional puede ser necesaria algunas veces, pero como regla, los líderes necesitan actuar como facilitadores, no como instructores. No existe una única forma para que estos chicos se den cuenta de quiénes son. Tenemos que ayudarlos a encontrar sus propios caminos.

La segunda pregunta que suelo hacer es: *¿cuáles son tus fortalezas?* Esta pregunta es de gran ayuda para estos chicos porque les indica cómo es que pueden acoplarse en el mundo que les rodea. No hago esta pregunta para darme cuenta dónde puede servir en el ministerio (aunque puede ser muy útil naturalmente), sino para ayudar a la persona a ir desde lo que ellos quieren hacer a donde se pregunten qué es lo que Dios quiere que sean. Y esa transición al final les lidera a en qué forma pueden contribuir en el ministerio, lo cual es una parte esencial hacia la etapa del teólogo.

Una vez más, los líderes tenemos la tentación de presionar a estos chicos hacia una respuesta, especialmente si ellos pueden ver algunos dones particulares que les pueden ayudar en un ministerio. Pero tenemos que retraernos y ayudarles a que ellos mismos descubran sus dones. Nuestro papel es ayudarles a descubrir quiénes son ellos en Cristo y cómo deben vivir a la luz de esta verdad. Ayudarles a llegar a ese autodescubrimiento es una gran alegría para nuestro papel como líderes.

La tercera y última pregunta que hago es: *¿Qué es lo que te hace ser único?* Esta pregunta nos permite caminar hacia el proceso de llegar a ser confidentes en la forma en que Dios nos ha hecho. Y esta confidencialidad es lo que les ayuda a resistir la presión de permitir que otras personas y otras atmósferas influyan en su identidad. Ellos están intentando darse cuenta cómo es que la adultez independiente se siente, y este pequeño paso de pensar cómo pueden encontrar su particularidad, les ayuda a ir en esa dirección. Ya sea en el tema de la fe o en el tema de la vocación. Nuestro papel es llegar a ser "admiradores de nuestros chicos" (animarlos, estar detrás suyo y aplaudirles cuando tienen victorias).

Los adolescentes mayores, como todos nosotros, tienen un tiempo difícil cuando quieren enfocarse en cuál es su identidad en Cristo. Pero esto es especialmente difícil para los chicos de edades universitarias porque su recién encontrada libertad los expone a una basta cantidad de influencia y experiencias. Ellos fácilmente pueden probar muchas etapas en su identidad dependiendo de las nuevas atmósferas que ellos están experimentando. Nuestro papel es ayudarles a evitar esa tendencia cuando continuamente les señalamos adelante, hacia la vida que ellos quieren estar viviendo.

3. REVÉLATE A TI MISMO

En el capítulo anterior, hablamos acerca del proceso de la diferenciación y la integración. Mientras conversas con chicos de estas edades, vas a descubrir que ellos están buscándote para que les ayudes en el conocer qué características ellos deberían integrar a sus propias vidas. A menudo te van a preguntar: "¿quién crees que soy yo?" o "¿cuáles crees son mis fortalezas?". Ellos quieren saber si lo que tú piensas de ellos mismos y la forma como les percibes es la misma forma como ellos se están mirando. Pero además ellos quieren saber qué partes de sus vidas consideras que son de valor. Ellos te necesitan para reflejar lo que está bien, lo que vale la pena guardar, y lo que necesitan dejar de hacer en sus vidas.

Estas conversaciones son la gran parte de tu papel como un mentor y como un líder. Solo puede suceder si haces un esfuerzo real en ser una persona de transparencia y autenticidad. El que te presentes como una persona que lo tiene todo solucionado, que nunca batalla con sus preguntas de identidad, simplemente creará una barrera entre tú y los chicos a los que quieres ministrar.

Un estudio reciente muestra que las personas entre 20 y 30 años son más propensas a reflejar los valores de sus amigos más cercanos que los valores de su fe. Yo creo que esta dinámica social sucede porque muy pocos creyentes maduros están dispuestos a tener una conversación honesta acerca de la vida y el significado con sus chicos. Más adelante entonces, lo que ellos buscan es esta clase de conversaciones con sus padres. Como lo dice 1 de Corintios 15:33: "No se equivoquen, las malas conversaciones corrompen las buenas costumbres". Si nosotros como la iglesia fallamos en ser reales y honestos con estos jóvenes, entonces les dejamos muy poca opción más que busquen a otras personas que les ayuden durante esta etapa de su vida tan significativa.

4. ANÍMATE A CONSTRUIR AMISTADES GENERACIONALES

Los chicos de edades universitarias están particularmente sintonizados a ciertos atributos y valores que ellos miran en otras personas, y hacen juicios de valor acerca de cuál de estos valores ellos quieren integrar a sus propias vidas. Las relaciones con cristianos mayores que ellos, y la exposición que ellos tienen a estos valores son una parte crucial en el proceso de la formación de identidad. Este hecho es especialmente verdad para chicos de iglesia que van saliendo de la secundaria. El problema es que muy pocas personas (cerca del 25%) realmente se conectan con otros cristianos adultos una vez que se gradúan de la secundaria.

Como líderes no podemos ser los únicos creyentes maduros involucrados en la vida de nuestros chicos. No es saludable para nosotros, para los jóvenes, o para la iglesia. Así que necesitamos animar ambos sectores de la iglesia a que trabajen con nosotros en esa unidad generacional que hemos levantado como límites y que podamos conocernos los unos con los otros. Voy a proveerte de más detalles y cómo hacer esta conexión en el capítulo 12.

5. DA UNA ORIENTACIÓN BÍBLICA

Una persona podría entablar una discusión en cómo la Biblia entera es una guía para encontrar nuestra identidad en Dios. Pero quiero mencionarte tres pasajes en particular que son especialmente útiles cuando hablamos con personas de edades universitarias:

El libro de Efesios. Efesios provee un marco perfecto para entender la identidad desde la perspectiva de Dios (capítulos 1-3) y cómo debiéramos vivir nuestras vidas (capítulos 4-6) a la luz de este conocimiento. Los capítulos del 1 al 3 claramente articulan nuestra identidad espiritual, y el capítulo 4 comienza con la palabra "por lo tanto". Pablo está esencialmente diciendo: "son hijos amados de Dios", esa es su identidad real. Por lo tanto, aquí te muestro algunas cosas que deberían ser una realidad en tu vida. Llegamos a ser lo que somos por hacer lo que decimos. Los versos 4:1, 4:17, 5:1, 5:8 y 5:21, todos inician con sesiones que nos dan un concepto de cómo debemos vivir nuestra vida a la luz de nuestra identidad.

Advertencia: no vaya simplemente a través de estos versículos 4 al 6 sin haber pasado por los capítulos del 1 al 3 ya que es un mensaje completo de cómo Pablo nos está guiando. Sin esa base, el resto puede leerse a través de una conducta sola, en lugar de acciones que hacen crecer nuestra identidad en Cristo. Si no estudiamos a profundidad los capítulos del 1 al 3 estaremos sustituyendo esa identidad en nuestros chicos simplemente por un buen comportamiento.

Romanos 7:14-25. Los cristianos de edades universitarias a menudo fallan en definirse a sí mismos por su pecado. Ellos pueden hacer luto por sus fracasos con tanta intensidad que puede ser difícil ayudarles a pensar en sí mismos de otra forma. Pero Dios no tiene este punto de vista errado de los creyentes (Efesios 1:3 al 7) como Pablo también lo explica en Romanos.

En este pasaje, Pablo reconoce que el también constantemente hace lo que no quiere hacer y batalla con lo que quiere hacer. Sin embargo, diferencia su identidad del pecado. En el verso 20 dice: "y si hago lo que no quiero, ya no soy yo quien lo hace sino el pecado que habita en mí. El pecado no define a Pablo. Él reconoce sus tendencias pecaminosas (verso 24), pero luego habla de su gratitud a Cristo por la libertad que se encuentra en él con respecto al pecado (verso 25). Además, reconoce que ya no hay más condenación para sí mismo (Romanos 8:1), porque su identidad está fundamentada en Cristo, no en su pecaminosidad.

¿Qué pasaría si nos identificáramos como santos y libres de culpa (Efesios 1:3 al 7) y completamente apartados de nuestro pecado? ¿Serían nuestras vidas diferentes? Creo que sí.

Tenemos que ayudar a las personas a diferenciar su identidad de las cosas de este mundo, incluyendo el pecado. Por favor entendamos, no estoy hablando de negar nuestro pecado o que no lidiemos con él. Estoy hablando de tener una identidad basada en cómo nos mira Dios (santos y sin culpa), "de acuerdo a sus riquezas en la gracia del Señor" (Efesios 1:7).

2 Corintios 5:14 al 17. Pablo explica que el amor de Dios nos obliga a él (versículo 14), así que ya no vivimos por nosotros mismos, si no que vivimos por Cristo (verso 15) la discusión de Pablo es una gran imagen de cómo se mira la vida por una persona que esté en la etapa de desarrollo del teólogo. Pablo reconoce que tiene una nueva identidad, su antigua naturaleza pecaminosa se ha ido, y se le ha dado un nuevo propósito (verso 17), él vive en luz como aquel que vive en la perspectiva de Dios.

Me he dado cuenta que la mejor forma de hablar con chicos de edades universitarias, a través de estos versículos es pedirles que lea cada uno los pasajes por su parte y luego discutirlos juntos. También me he dado cuenta que la mayoría de estos chicos no han leído mucho las Escrituras por sí mismos, así que no saben realmente cómo interactuar con la Biblia. Lo que he hecho es obligarlos a interactuar con lo que están leyendo cuando subrayo algunas ideas o frases que resaltan en lo que están leyendo y escribirles algunas preguntas. Podemos hacerles pensar acerca de sus situaciones de vida, y mostrarles cómo la Escritura batalla con esas situaciones en particular, y les inspira a estudiar la Escritura por ellos mismos, entonces estaremos por el camino para el verdadero discipulado.

6. ENTENDIENDO LO QUE ES NORMAL

Los jóvenes de edades universitarias encuentran que la identidad primaria se da a través de las relaciones, trabajo y la escuela. Cada una de estas tres áreas es tan importante y profunda en la vida de los jóvenes que más adelante me detendré para ir más profundo a una discusión de cada una de ellas.

Para nosotros que trabajamos con jóvenes de edades universitarias necesitamos reconocer la importancia que tienen estas áreas y nunca minimizar el papel tan importante que tienen en la formación de la identidad de cada uno de nuestros jóvenes.

SOSTENIENDO EL ESPEJO

Recuerdo que siendo un niño iba algunas veces a algunos carnavales, una de las cosas favoritas cuando iba a estas clases de fiestas regionales, era ir a la casa de los espejos. Algunos espejos te hacen ver realmente alto y delgado, otros te hacen ver bajo y grueso. Siempre me maravilló cómo estos espejos podían distorsionar mi imagen.

¿Qué pasaría si estos reflejos tan graciosos fueran solamente la forma en que mirara mi propia vida? Yo pensaba que solo medía un metro de alto, y metro y medio de ancho. Me pregunto qué tipos de espejos están mirando nuestros chicos y qué es lo que sucede cuando solo el espejo que ellos han conocido se quita y se reemplaza por uno que está distorsionado de muchas formas. Es por eso que entendemos que ellos están constantemente buscando su identidad.

El viaje que les lleva a encontrar una identidad en Cristo no es sencillo, y tampoco es sencillo mostrárselos. Todos batallamos diariamente con diferentes situaciones de nuestra vida, luchando constantemente con todos los mensajes que distorsionan quienes somos. Nuestros jóvenes universitarios necesitan líderes que puedan sostener un espejo basado en las Escrituras, en el amor de Dios y en su gracia, y darles con exactitud el cuadro completo de quiénes son ellos. Mi deseo es que seas fiel en guiar a las personas a su verdadera imagen, la que está en Cristo Jesús.

CAPÍTULO 4

LA BÚSQUEDA DEL SIGNIFICADO

Recientemente me estaba poniendo al día con Shane, uno de mis chicos. Él está en el segundo año de la universidad y vive a una hora de distancia, así que tenía tiempo de que no lo veía. Un día cuando lo vi después de la iglesia tenía muchos deseos de preguntarle: *¿Cómo te va?*

Los chicos de mi grupo me conocen lo suficiente para darse cuenta que cuando les hago la pregunta: ¿Cómo te va?, estoy buscando una respuesta honesta. Así que Shane me dijo: "¿Realmente quieres saberlo?".

Lo miré y le dije: "¡No te lo preguntaría si no fuera así!"

Él me dijo: "¿Realmente tienes tiempo para esto?".

Con ese comentario supe que Shane estaba un poco desubicado en su vida.

Encontramos un lugar donde poder hablar, y Shane empezó a decirme acerca de todas las cosas que había estado pensando recientemente: la vida, el trabajo, las relaciones y en la identidad (todas las cosas profundas que los chicos universitarios piensan).

Tengo que admitir que amo esas conversaciones. El proceso de pensamiento que tienen los jóvenes de edades universitarias es extremadamente interesante de escuchar. Ellos piensan a través de cada ángulo de la situación y se hacen a sí mismos miles de preguntas. Pero por la falta de experiencia, sus pensamientos y preguntas a menudo se convierten en confusión. Para ser honesto, es un poco chistoso ver cómo se enredan los pensamientos de una persona, escuchar lo que tienen que decir simplemente es mucho más complejo de lo que realmente es. No es la confusión lo que disfruto; si no el ser parte de su proceso a la claridad de sus pensamientos. Es un increíble momento cuando veo a una persona darse cuenta de lo que quiere en la vida o encontrar respuestas a las preguntas con las cuales ha estado batallando por muchos meses.

De todas formas, Shane me dijo acerca de la presión que sentía a la hora de escoger una carrera. Él ya había escogido una carrera, pero en su mente aún tenía un par de años para escoger una decisión ya más en firme y empezar la especialidad. Shane me explicó que su papá quería asegurarse de que pudiera mantenerse a sí mismo y a su familia algún día. Así que el padre de Shane empezó a poner más y más presión en la espalda de Shane mientras se enfocaba en su futuro. Esta forma de pensar puede sonar muy razonable en la mente de un adulto, pero no necesariamente en una persona de edad universitaria la cual sabe que escoger una carrera significa escoger una identidad. Como lo hemos visto, ellos simplemente no están listos para tomar esa decisión. Los jóvenes de edades universitarias se resisten a esa presión a la hora de escoger una vocación, porque ellos quieren que sus vidas se definan como algo más, no simplemente por lo que hacen o lo que tienen. Quieren que sus vidas tengan un significado.

Shane es un joven muy listo. Él sabía que tenía que tomar algunas decisiones con respecto a su futuro, sin embargo, no estaba tan preocupado como lo estaban sus padres. Para él, las responsabilidades futuras eran justamente eso, futuras. Él estaba más preocupado acerca de su vida en este momento. Su vida estaba en este momento consumida por como quería definirse, y por lo que quería hacer en su vida. El creía que si podía descifrar todas estas preguntas, la pieza de la vocación simplemente caería por su propio peso. Para sus padres, encontrar una carrera era muy significativo en sí mismo. Para el determinar lo que él quería era la puerta a ese sentido de vida.

Shane se estaba haciendo las mismas preguntas que muchos de los jóvenes de edades universitarias se estaban haciendo, preguntas para las cuales ellos no tenían verdaderas respuestas: ¿debería seguir en la universidad para optar por un título de post-grado?, ¿podría darse el lujo de seguir estudiando?, ¿debería trabajar unos años antes de la graduación y luego ir a recibir su título?, ¿realmente necesitaba un título universitario o no? Todos aquellos que hemos estado en la situación de Shane, sabemos que para esta clase de preguntas no hay respuestas correctas o incorrectas. Pero los jóvenes de edades universitarias necesitan hacer estas preguntas de todas maneras. Están en una parte crucial de su búsqueda de significado. Y esa búsqueda va muy de la mano con su búsqueda de identidad.

LOS AÑOS MARAVILLOSOS

La búsqueda del significado durante el tiempo de los que tienen edad universitaria puede ser algo muy emocionante. El mundo entero está abierto a ellos, ya que no tienen ningún tipo de atadura, son libres de tomar cualquier dirección, están llenos de esperanza en un futuro en el que verán la realización de todos sus sueños. La esperanza de tener un futuro significativo no requiere ningún tipo de esfuerzo. Sin embargo, el descubrir su significado para el día de hoy es otra historia muy distinta.

La lucha por encontrar el significado en el día de hoy es muy confusa, desordenada y a menudo frustrante. Eso sin mencionar solitaria y eso que ya que los jóvenes de edades universitarias están bajo tanta presión para tomar algún plan para el futuro, ellos a menudo pasan esta etapa con demasiada velocidad con un esfuerzo de buscar (lo que sea) en lo que ellos puedan buscar su significado.

Algunos de ellos se refugian en la fe y encuentran real significado, el propósito. Pero muy a menudo, he encontrado que estos chicos tienen o encuentran un sentido temporal del significado en algunas de estas tres áreas: vocación, estudios, relaciones.

Ninguna de estas áreas es un lugar problemático para encontrar algún tipo de sentido, significado u propósito. Pero estos jóvenes tienen una tendencia a detenerse ahí creen que por lo que hacen o estudian, o a quien conocen, encuentran significado en sus vidas. Cada vez que ellos se detienen en estos puntos se quedan allí como si ese fuera el sentido de su vida, les genera un golpe importante para su fe.

Una vez que entendemos la influencia tan importante que tienen estas áreas (conocemos cómo llevar a estos chicos a un significado más profundo en su identidad a través de Cristo), ¿cómo podemos salvarlos de un tremendo dolor?

Vocación

Cualquier trabajo puede dar un cierto sentido de identidad, pero aquellos que son los más apetecibles en la sociedad de hoy, le dan más valor a ese sentido que se busca. Aquellos chicos que tienen la suerte de encontrar un trabajo que pague bien justo después de graduarse de la universidad pueden detenerse ahí y sentir que han encontrado lo que buscaban. Aquellos que no han encontrado trabajo pueden sentirse que están en un momento como de desierto (atrapados sin un propósito hasta que "la carrera correcta" llegue a sus vidas).

Mi amiga Suzy es un gran ejemplo de que sin saberlo le sucedió esto en el área de la vocación. Ella se hubiera graduado de la universidad pero estaba trabajando parcialmente, sin saber qué tipo de trabajo ella realmente quería. Una tarde estábamos conversando cuando ella dijo una obvia frustración: "Tengo 25 años y en algún punto tengo que decidir qué es lo que voy hacer con mi vida". Para Suzy, no había dirección, no había significado, a menos que tuviera algún tipo de vocación.

Mientras más conversábamos, se me hacía más claro que Suzy nunca había planeado el ser definida por su trabajo. Pero los años que transcurrieron desde que salió de la secundaria, la mayoría de sus amigas se habían casado o estaban iniciando sus carreras. Desde su perspectiva, sus vidas tenían un propósito y un significado, y la de ella no. Suzy no estaba casada y no tenía un novio estable, así que ella sentía que el matrimonio y la familia estaban muy lejos. Había salido ya de la universidad, así que ella había perdido el sentido del propósito que viene de tener un objetivo como la graduación; la única cosa que ella podía pensar que le podía dar una identidad y que le daría significado a su vida era el trabajo. Ella no se había dado cuenta que el trabajo nunca podría proveer un sentido de un verdadero significado y propósito en el cual ella estaba esperanzada.

El trabajo es evidentemente un gran paso y uno de los fundamentos en los pasos de la búsqueda de la identidad y significado para esta etapa de la vida. Los chicos de estas edades esperan todo tipo de trabajo y se dan cuenta en que son buenos y en que no. A través de estas experiencias entienden lo que les gusta hacer y lo que no les gusta hacer, y todo esto es parte del proceso de la diferenciación e integración que habíamos discutido en el capítulo dos. Desde un punto de vista espiritual, el trabajo a menudo les ofrece a estos jóvenes una buena idea de sus dones únicos que Dios les ha dado. El trabajo puede ser una parte muy importante para aquellos que están buscando su significado.

Pero a menos que nosotros como líderes y ministros les ayudemos hacer una conexión con el trabajo que ellos hacen y su propósito como hijos de Dios, los dejaremos sin un sentido íntegro y completo de significado.

Tal vez la conexión más esencial con la que podemos ayudarles es el tipo de trabajo que se puede hacer que contribuye al reino de Dios. Recientemente recibí el siguiente correo electrónico de una chica de nuestro ministerio.

> Mi nombre es Stacy, he estado asistiendo al grupo juvenil de cierta iglesia por más de 5 meses. Es increíble cómo mi vida ha cambiado en estos últimos meses que he estado aquí. Dios ha estado haciendo algo absolutamente increíble y ha puesto sus cosas en su lugar y mi corazón se siente muy agradecido y necesito hablar con alguien. Originalmente, mi plan era transferirme a otra ciudad a estudiar antropología donde tendría mi doctorado en arqueología, pero últimamente me he dado cuenta que no estoy tan apasionada acerca de eso y que realmente quiero invertir mi vida en hacer algo para Dios. Estaba pensando en dedicarme en algo que tenga que ver con la consejería cristiana. En este momento solo necesito un poco de guía. Si tienes alguna idea, sería fantástico, estoy un poco perdida en este momento con respecto a lo que debería de estar haciendo.

Ella tenía en su cabeza la idea de que tener una carrera en arqueología no podía ser parte de su entrega a Dios. Ella pensaba que únicamente en la iglesia se podía servir como cristiano. Muchos de los jóvenes de esas edades como Stacy (jóvenes adultos muy bien intencionados que se encuentran así mismos entre el trabajo que ellos quieren hacer y aquello que ellos entienden que Dios quiere que hagan en sus vidas). Pero Dios puede y los usará a ellos sin importar qué tipo de trabajo hagan. Es tan simple como ver los ejemplos en la Biblia, cómo Dios utilizó a todo tipo de personas (desde jóvenes pastores como en 1 Samuel 17:12 al 50, a simples pescadores como en Mateo 4:18 al 22, o inclusive a una chica adolescente como en Lucas 1:26 al 38).

No queremos que nuestros chicos caigan en esa trampa de búsqueda de significado únicamente a través de su trabajo. Los trabajos cambian, los intereses cambian, las circunstancias cambian. El significado verdadero viene cuando conocemos que Dios está usando nuestro trabajo para construir su reino y que nuestro papel es guiar a los chicos de edades universitarias hacia esta conclusión.

Educación

Brett estaba en el último año de la secundaria cuando su mamá murió. Después de su funeral hablamos por un rato, y el tema el cual conversamos fue acerca de su futuro, le pregunté qué planes tenía para después de la secundaria. Él me dijo: "Simplemente voy a ver qué sucede. Probablemente tome algunas clases en la universidad más cercana y luego voy a ver qué sucede". Al principio, pensé que sus planes tan vagos tenían que ver con la enfermedad de su mamá y más adelante su muerte (supuse que no había tenía mucho tiempo para pensar acerca de su futuro cuando su situación presente era tan difícil). Pero mientras hablaba, se hizo claro que él había estado planeando asistir a la universidad más cercana mucho antes de que su mamá se enfermara. El hecho es que él no sabía lo que quería hacer, así que asumió que tenía que seguir estudiando.

Esta actitud ha llegado a ser la norma para muchas personas de edades universitarias. Graduarse de la secundaria no constituye un paso hacia la adultez. Significa simplemente el término de una escuela para entrar a otra. La universidad en sí misma es simplemente un paso para encontrar una carrera y no un lugar para descubrir lo que somos en la vida. Es un tiempo para experimentar diferentes formas de vida y descubrir lo que hay allá afuera, tomando un paso a la vez. La universidad llega a ser el primer paso en un viaje hacia ese significado, sin importar a qué escuela este chico asiste.

La mayoría de los universitarios primerizos no tienen idea de lo que quieren hacer con sus vidas. Ellos esperan que la universidad les dé un tipo de sentido hacia la dirección que ellos tienen que moverse. Inclusive aquellos jóvenes que se gradúan de la secundaria pero no van a la universidad, ven este tiempo como un tiempo de búsqueda, para explorar, para experimentar. Ellos creen que necesitan aterrizar en algún lugar y hacerlo muy pronto.

El viaje de cada uno de los chicos a través de este tiempo, el post-secundaria, es diferente, pero aquellos que entran a la universidad se encuentran así mismos desesperadamente buscando en experiencias universitarias el sentido para sus vidas. Al igual que el trabajo, la universidad puede proveer una identidad, una que los lleve a un falso sentido de propósito.

Independientemente de si estos estudiantes tienen una participación en las actividades de la universidad, descubren su lado rebelde, buscan el éxito académico, o se enfocan en prepararse para una carrera, y un post-grado, es muy sencillo utilizar estos sustitutos para el propósito real. La universidad tiende a crear su propia micro sociedad, cuando un estudiante finalmente encuentra un lugar en esa micro sociedad, se siente maravilloso. Pero en realidad, encontrar el significado en los roles que ellos juegan en la universidad solo prolonga la búsqueda de ese significado. Una vez que la universidad termina, ellos empiezan el siglo de perder sentido, propósito, y empieza nuevamente la búsqueda de significado en sus vidas.

Nuestro propósito como líderes no es destruir algún tipo de identidad que ellos hayan encontrado en la universidad. Pero de igual forma que lo hacemos cuando hablamos acerca de la vocación, necesitamos hacer algunas preguntas a estos chicos y ayudarles a descubrir el camino y los dones en los cuales ellos están apasionados para que los puedan descubrir en la universidad y que puedan traducirlos en el sentido para el resto de sus vidas. Podemos preguntarles acerca de lo que están aprendiendo sobre sí mismos y llevarlos a un pensamiento acerca de las formas que ellos pueden usar lo que ellos están descubriendo en otras partes de sus vidas.

Relaciones

El pensar que las relaciones íntimas (el matrimonio en particular) traerá significado y propósito es una manera de pensar muy común entre las personas de edades universitarias. A pesar de que la vocación trae un sentido inicial de propósito, muy dentro de sus mentes, el matrimonio es como la cereza en el pastel para este grupo en particular. Las mujeres en particular están sobre una tremenda presión cultural que les motiva a buscar su identidad en un contexto de matrimonio y de maternidad.

Génesis 3 describe las características de una mujer que es muy interesante para mí. Y le dice que su deseo es para su esposo, en el matrimonio me he dado cuenta que mi esposa es usualmente la que quiere que pasemos más tiempo juntos desde luego que me encanta estar con ella, pero parece ser que la necesidad más fuerte de esa intimidad lo tiene ella y no yo. Podría decir que soy una gran persona y que ella quiere estar conmigo, pero la verdadera razón creo es de que las mujeres están mas conectadas a las relaciones interpersonales de las que estamos los hombres. Me he dado cuenta que las mujeres en el ministerio universitario en el cual dirijo tienen mucho más tendencia a buscar sentido de pertenencia y de significado en las relaciones de lo que los hombres tienen. No estoy diciendo que los hombres no encuentren el significado en las relaciones, pero la tentación de permitir que estas relaciones lleguen a ser la única fuente de su significado parece golpear a las mujeres de una forma distinta que a los hombres.

Dios nos creó para estar en intimidad; pero nosotros estamos diseñados para encontrar nuestra verdadera identidad y significado en nuestra relación con Dios (aun cuando experimentemos intimidad con él a través de otras personas). Me he dado cuenta que los chicos de edades universitarias necesitan nuestra ayuda para decirles cuándo están poniendo demasiado énfasis en las relaciones interpersonales y no en las de Dios. Una vez más, hacer las preguntas adecuadas es la mejor forma de ayudar a los jóvenes adultos a pensar a través de las decisiones que están tomando y mirar los asuntos más profundos que están siendo involucrados.

Pueden hacer preguntas tales como: ¿Cómo te está ayudando esta relación que tienes con alguien a crecer en tu fe y en tu conexión con Dios?, o ¿cómo te sentirías si esta relación no funcionara?, o ¿cómo te sientes cuando no estás con esta persona?, o ¿qué parejas de más edad admiras por la relación que llevan el uno con el otro?, ¿qué crees que hacen que estas relaciones funcionen? Preguntas de esta clase ayudan a estos chicos a conectar mejor sus ideas, dándoles un panorama más claro de cómo sus relaciones pueden afectarlos.

MENTES PELIGROSAS

Los chicos de edades universitarias no saben en qué dirección ir hasta que ellos saben lo que quiere n de la vida. Este lío que tienen en la cabeza les impide pensar de una manera práctica. Necesitamos entender que ellos están buscando un futuro idealista. Este tiempo puede ser muy frustrante, confuso para estos chicos, también es un período maravilloso de exploración e imaginación. Haríamos un gran mal si los apresuramos a través de este proceso. En lugar de eso, nuestro papel como líderes una vez más es guiarlos a través de esta etapa idealista con gracia, paciencia y sabiduría.

Si tenemos en cuenta este conocimiento acerca de la identidad, entonces podemos reconocer que los jóvenes de edades universitarias necesitan saber primero quiénes son antes de poder darse cuenta de dónde pueden encontrar significado para sus vidas. En cuanto a su desarrollo, este enfoque en quiénes son y lo que quieren es una etapa normal ,inclusive necesaria para estos jóvenes. Sin embargo, desde una perspectiva teológica, el sobreénfasis en la misma persona puede ser un poco peligroso.

La búsqueda del significado es un proceso dinámico para cada uno de estos jóvenes, no importa su edad. Pero las personas y las cosas que miramos en un esfuerzo para determinar el significado (trabajo, escuela, relaciones) rápidamente llegan a convertirse en el centro, las cuales todas unidas nos dan una cierta idea general. La esperanza y la confianza que ponemos en estas cosas no solamente van a dirigir nuestras búsquedas, sino últimamente van a enfocarse en la función que tiene Dios en nuestras vidas.

Para muchos jóvenes el eje en sus vidas es a menudo el deseo. Ellos dependen de sus propios sentimientos para mostrar lo que es realmente significativo. Por lo tanto, "Dios para muchos jóvenes de edades universitarias es cualquier cosa que ellos hayan deseado en un momento dado". El peligro, obviamente, es que este concepto falso de Dios, es uno que los convierte en seres egocéntricos. Sé que esto suena duro, pero los jóvenes de edades universitarias necesitan que seamos francos con ellos, que les dejemos ver las implicaciones lógicas de la forma en que piensan y lo que creen. Ellos nos necesitan para mostrarles una perspectiva mas bíblica con respecto al significado.

Podemos ayudarles en diferentes formas. Primero, ya que ellos fácilmente encuentran significado en el aquí y el ahora, necesitamos exponerles lo que realmente es un significado eterno. Mostrales cómo servir a la comunidad, preocuparnos por los pobres y los oprimidos, y descubrir todas las formas en que Dios está trabajando en otras partes del mundo, puede realmente ayudarlos a formar sus definiciones de significado. Necesitamos mostrarles la Biblia, la oración, la vida del ministerio, las relaciones que se forman a través de la comunidad cristiana. Y además necesitamos contarles las historias de nuestras propias luchas en el área de encontrar significado en la vida.

Por otro lado, no debemos de dejar de hacerles preguntas. He encontrado que el ser ambiguos con ellos no me lleva a ningún lado. Los jóvenes de edades universitarias están listos para que los confrontemos, y aun que les mostremos aquellas preguntas que los empujan y les derrumba lo que han asumido acerca de sí mismos y la vida. Aquí hay cuatro preguntas que he encontrado particularmente útiles:

1. ¿Qué es lo que quieres? Las personas de edades universitarias responden a esta pregunta: "No estoy seguro". Realmente no es que no hayan pensado acerca de esta pregunta, simplemente aun no encuentran la respuesta. Así que necesitamos seguir investigando. Al final estos jóvenes llegarán al punto en donde puedan articular el deseo para encontrar el significado que es duradero, eterno. Ellos saben que los trabajos en la escuela y las relaciones no son suficientes. Ellos terminan colocando sus significados de vida en áreas que les hacen sentir bien, que les ayuden a conseguir una respuesta a lo que ellos quieren. Pero cuando nosotros los empujamos un poco, queremos que encuentren el propósito que Dios tiene, y que tiene significado vivir en la vida la cual Dios les creó.

Una vez que ellos lleguen al punto de conocimiento de que quieren lo que Dios quiere, necesitamos mantenernos conectados y continuar haciendo las preguntas acerca de cómo darnos cuenta cuál es el deseo divino. ¿Cómo se puede encontrar ese deseo?, ¿cómo podemos diferenciarlo? Tener a alguien que camine a la par de ellos en esta exploración es vital. Tú puedes ser la persona que los mantenga comprometidos con la comunidad cristiana y que les continúe animando a avanzar hacia adelante en esa búsqueda.

2. ¿Qué es lo que los demás quieren de ti? El responder esta pregunta te dará una idea de las presiones que tus jóvenes de edades universitarias están enfrentando de otras personas. Estas expectativas tienen mucho más peso para ellos de lo que regularmente tendrían. Tu interacción puede proveer un inmenso sentimiento de alivio mientras los ayudas a procesar el tipo de obligaciones que ellos tienen con otras personas. Si constantemente están cediendo a lo que otros esperan que hagan, sin tomar en cuenta lo que Dios mismo quiere de ellos, entonces nunca encontrarán un verdadero sentido de propósito para sus vidas. En lugar de eso, una vez más, terminarán con una identidad sustituta según lo que otros esperan de ellos.

Al fin de cuentas, realmente no importa lo que otros esperen de ellos. Nuestra meta es ayudarles a ver y aceptar lo que Dios desea de sus vidas. Nuestra meta es además intentar que quieran alinear sus deseos a los de Dios. Esto evidentemente es un gran reto. ¿Qué es lo que Dios desea de mí? Responder esta pregunta empieza con un entendimiento del Dios de la Biblia y de lo que este Dios pretendía cuando los hizo. Es prácticamente imposible ayudar a las personas a determinar el plan de Dios para sus vidas si no tienen en alguna medida una conciencia de sí mismas. Dios ha dado dones a cada uno de ellos de una manera única y particular (Efesios 4:11-16; Romanos 12:3-8). El objetivo de estos regalos de Dios es que ellos puedan vivir insertados en la sociedad de una manera distinta. Desde luego que hay un llamado general para todos los cristianos a seguir la voluntad de Dios y cumplir los mandamientos en nuestra vidas, pero al final , el responder la pregunta con respecto a los deseos de Dios para nosotros repercute en cada persona de una manera única y particular.

3. ¿Por qué? No importa la pregunta que hagas o la respuesta que ellos te den. Hacer esta pregunta te ayuda a mantener la conversación con los jóvenes y a profundizar más en los temas. Su falta de experiencia de vida limita la profundidad con la que pueden explorar por sí mismos algunos conceptos. Así que si, por ejemplo, una de tus jóvenes te dice que realmente quiere tener un novio, el preguntarle "¿por qué?" puede ayudarle a pensar en sus motivaciones. Puede que se sienta sola, quizás piense que necesita encontrar a alguien antes de graduarse de la universidad, tal vez esté lista para compartir su vida con alguien más. Cualquiera que sea la razón, es posible que no haya pensado mucho en eso. Ella solo sabe que quiere un novio. La pregunta del "¿por qué?" ayuda a los jóvenes de edades universitarias a ir más profundo en sus propios corazones. Mientras respondan, pon atención a las formas en las que su propia fe les puede ayudar a lidiar con los miedos o soledades o cualquiera que sea la presión que están teniendo.

4. ¿Dónde encontramos significado hoy? Los jóvenes de edades universitarias están constantemente viendo al futuro en búsqueda de propósito y significado. ¿Pero que hay del hoy? ¿Qué es lo significativo y que tiene sentido para ellos hoy? Sus respuestas, una vez más, te darán un vistazo de sus prioridades. Discutir estas preguntas, además, te dará una oportunidad de conectarte con ellos a un nivel menos intenso. Descubre qué cosas son importantes para ellos y haz un esfuerzo para preguntarles de esto de vez en cuando. Cuando sepan que te preocupas por ellos, tomarán tus preguntas profundas con mayor seriedad.

Esa idea me lleva a la tercera sugerencia para ayudar a tus jóvenes de edades universitarias a encontrar sentido y propósito en

Dios: Diles lo que estás haciendo. No hay razón para ocultar el papel que desempeñas en sus vidas o pretender que eres únicamente uno más de sus amigos. Hazles saber que te consideras una guía útil a través de lo que puede ser un camino muy difícil. Diles que este papel es muy significativo para ti, y que crees que es lo que Dios quiere tanto para ellos como para ti (2 Timoteo 2:2, Tito 2). Ellos no necesitan más amigos (bueno, tal vez algunos de ellos sí). Necesitan a alguien que sea honesto con ellos, que los empuje a hacer más cosas, alguien que invierta el tiempo y el esfuerzo que sea necesario para ayudarles a través del proceso de construir una vida con propósito.

CAPÍTULO 5

BUSCANDO DESESPERADAMENTE INTIMIDAD

Anoche estuve en intimidad con mi esposa, y fue una de las noches más increíbles que hemos tenido juntos. Simplemente increíble.

¿Les parece algo extraño que escriba esto acá? ¿Mucha información para ustedes?

¿No necesitan saber acerca de mi vida sexual? Bueno, están en lo correcto. No necesitan saberlo. Pero el sexo no es la única forma de intimidad que tengo con mi esposa. De hecho, una de los tiempos mas íntimos que hemos compartido no tiene nada que ver con el sexo. Hemos tenido momentos, en los que de verdad hemos tenido una conexión de corazón a corazón que ha involucrado ningún contacto físico. Hemos podido entablar conversaciones que nos han golpeado en lo más íntimo de nuestro ser, creando niveles de intimidad que nunca pensamos que existieran. La intimidad puede ser creada en cualquier tipo de encuentros, no únicamente en los sexuales.

La intimidad se trata de conocer a una persona profundamente y permitir a esa persona que te conozca de la misma forma. Es la habilidad de acercarse, amar, ser honesto y ser honesto con otra persona. Y esta se desarrolla a través del tiempo, comunicación, confianza, y vulnerabilidad.

Cuando vemos esta clase de descripciones, se me hace claro que se requieren cierto tipo de habilidades para poder construir con una persona una intimidad verdadera y sana. Por ejemplo, ya que la intimidad involucra conocer a otras personas y permitirles que te conozcan, se requiere que ambas personas se conozcan a sí mismas. En otras palabras, la intimidad demanda cierto desarrollo de identidad personal, para que entonces podamos abrirnos a otra persona. El tener un sentido de quiénes somos y ser capaces de explicar y demostrar esa identidad con alguien es un prerrequisito para una relación íntima.

Si ese sentido de identidad no se desarrolla adecuadamente, las relaciones íntimas tienen el potencial de hacer un tremendo daño en las personas involucradas. Conocemos a muchos jóvenes que se han involucrado en relaciones en las cuales se han renunciado a los valores propios para adoptar los valores de la otra persona, (es una clásica imagen de la etapa del sustituto que desarrollamos anteriormente). La persona con un sentido de identidad más fuerte va a dominar la relación, poniéndole fin a cualquier tipo de intimidad verdadera para cada uno de ellos.

Roberto y Emilia comenzaron a salir en uno de nuestros retiros de invierno. Ellos se habían conocido uno a otro hacía unas semanas e inmediatamente encajaron uno con el otro. Sin embargo, Roberto había establecido un camino para su carrera, y Emilia se encontraba flotando por la vida sin ningún tipo de dirección real. Roberto ya había experimentado lo suficiente como para saber en qué era bueno, y lo que quería hacer, y más importante, quién era él en Cristo. Emilia, sin embargo se encontraba en una posición muy diferente. Ella no tenía ningún tipo de sentido real de quién era o en qué dirección quería ir en su vida. Consecuentemente, su relación carecía de identidad. En algún momento, Roberto me dijo cuanto quería a Emilia, pero que él se daba cuenta que ella no estaba lista para una relación con algún tipo de profundidad. La relación se había estancado, por la falta que tenía ella de conciencia propia. Como muchos jóvenes de edades universitarias Emilia no podía tener una intimidad con Roberto porque a ella le hacía falta la habilidad de conocerse a sí misma.

Al mismo tiempo, los jóvenes de edades universitarias anhelan la intimidad. Podemos verlo en el caso de Roberto y Emilia. A esta edad, ellos habían empezado ciertas relaciones y amistades basadas simplemente en el conocimiento de diferentes personas. Empezaron a filtrar a aquellos amigos, los que ellos consideraban en los cuales podían invertir relaciones más profundas (tanto platónicas como románticas). Cualquiera que trabaja jóvenes de edades universitarias tiene que entender ese deseo de intimidad de estos chicos y cómo podemos ayudarlos y guiarlos hacia delante de una manera bíblica y madura, para que ellos puedan sacar conclusiones acerca de cómo deben desarrollar estas conexiones verdaderas con otros, y más importante con Dios.

Como lo dije, hay más de una forma de intimidad. De hecho, hay cuatro tipos de intimidad. Algunas veces una relación se verá involucrada en los cuatro tipos, algunas veces solamente en dos. Pero cada tipo de intimidad profundiza en un área específica de necesidad de pertenencia que ya existe en nosotros.

1. **Espiritual:** este tipo de intimidad es a menudo la más sencilla de encontrar porque tendemos a reunirnos con aquellos que comparten nuestras creencias espirituales. A pesar de la variedad de diferencias en la personalidad, un nivel inmediato de intimidad sucede cuando descubrimos que otras personas comparten nuestra forma de pensar a nivel espiritual. Los jóvenes universitarios a menudo inician relaciones basadas en este aspecto de intimidad haciéndolo una especie de requisito para sus relaciones duraderas.

2. Intelectual: este tipo de intimidad sugiere que dos personas tienen en común ciertos intereses como la cultura, la política, los pasatiempos, la moralidad y la ética. Como la intimidad espiritual, la intimidad intelectual a menudo los lleva a conexiones inmediatas. Una simple conversación puede iniciar un nivel inmediato de intimidad.

3. Física: probablemente estemos muy familiarizados con este tipo de intimidad, la intimidad física habla acerca de cualquier tipo de contacto físico que sea orientado: el tocarse, darse la mano, darse un abrazo, actividad sexual. Esto implica que hemos hecho un acuerdo mutuo con alguien acerca de compartir nuestro espacio personal (estamos permitiendo y aun dando la bienvenida a otra persona a que esté cerca físicamente de nosotros). Ese acuerdo por sí mismo puede ser una señal de que los otros tipos de intimidad están presentes en la relación.

4. Emocional: este tipo de identidad es un poco más compleja y mucho más subjetiva que la intimidad física. Para que una relación tenga intimidad emocional, ambas personas tienen que estar dispuestas a abrirse a sus pensamientos, sentimientos, y creencias. Pero los pensamientos, sentimientos, y creencias que permiten esta intimidad vienen de cómo una persona se mira a sí misma. Para que una intimidad emocional ocurra, cada persona necesita haber desarrollado cierto nivel de identidad personal. La intimidad emocional requiere cierto grado de confianza la cual toma tiempo y está dispuesta a ser vulnerable con otras personas.

Cada tipo de intimidad llama a cierto nivel de madurez que muy pocos jóvenes de edades universitarias han alcanzado. El deseo de intimidad siempre está presente a pesar de esto. Esta combinación de factores es el por qué ellos necesitan guía mientras ellos persiguen la intimidad en todas sus formas. Ellos necesitan líderes interesados en ayudarles a darse cuenta el tipo de personas y la intimidad con las cuales formarán relaciones íntimas y saludables. Ellos nos necesitan para ayudarles a reconocer los límites en este tiempo de cambio. Y ellos nos necesitan para ayudarles a conectar los puntos en ese deseo de intimidad humana y ese deseo de intimidad con Dios.

EN BUSCA DE LA INTIMIDAD

Naturalmente los jóvenes de edades universitarias están en la capacidad de tener relaciones íntimas antes de que hayan formado completamente su identidad. La búsqueda de relaciones íntimas puede en realidad ser una gran parte de su desarrollo de identidad. Entre más cerca ellos estén conectados con otras personas, mejor será el proceso de diferenciación en integración que tendrán. La falta de interacción profunda con otros puede tener un impacto negativo para su formación de identidad. La capacidad de conocernos a nosotros mismos y darle a conocer a los demás nuestra identidad, es un paso importante cuando se mueven de una etapa a la otra. Al mismo tiempo necesitamos entender cómo esa falta de madurez y ese claro sentido de identidad pueden volver cualquier relación íntima en una inhabilidad por relacionarse.

Hay muchas formas, las relaciones con estos jóvenes no son tan diferentes de las relaciones con los adolescentes. Con los adolescentes (de catorce a diecisiete), las relaciones, tienden a ser muy superficiales. Cualquier capacidad de pensamiento abstracto es a punta del egocentrismo de nuestros adolescentes, lo cual les limita a llevar su identidad a niveles más profundos. Ya que ellos no tienen la capacidad de ver las partes íntimas de sus propios corazones, ellos no están en capacidad de verlas en otras personas.

Desde luego, ellos pueden compartir algún grado de intimidad (algunos son más capaces que otros) pero estas limitaciones están definidas. Sin importar qué tanto dos chicos de quince años se conozcan el uno al otro, ellos están biológicamente limitados en su habilidad para entender a los demás a un nivel más profundo. Las relaciones en esta etapa de la vida son más estratégicas que íntimas. En otras palabras, los adolescentes forman relaciones basados en lo que ellos pueden obtener de estas, en lugar de lo que pueden dar a otra persona.

Esta cosmovisión egocéntrica que tienen los adolescentes, les lleva a buscar el ser dominantes en sus relaciones en un esfuerzo de llenar sus agendas personales. Este esfuerzo es muy inconsciente (es más instintivo que otra cosa) sin embargo piensa brevemente en las razones por las cuales generalmente los jóvenes de secundaria también llamados adolescentes, tienen citas románticas. Para estos adolescentes, las citas están centradas en la sexualidad. Sus hormonas están corriendo desenfrenadamente, y cuando ellos piensan acerca de relaciones, aquellos pensamientos son primariamente centrados en los encuentros sexuales y en los deseos que pueden llenar de alguna forma. Las chicas, de manera diferente a los chicos, son guiadas a esta clase de citas por un deseo egocéntrico diferente: "el status". La mayoría de las chicas en la secundaria tienen citas por lo que el prestigio les puede traer. Tener un novio (especialmente aquel que puede tener algún desempeño ejemplar) puede ser un motivador aun mayor para las citas. Estas tendencias adolescentes son las que manejan la búsqueda de identidad en los años de secundaria.

Este acercamiento egoísta en las relaciones, desde luego no está limitado únicamente a la adolescencia, sin embargo, el adolescente típico va desarrollando poco a poco la habilidad de enfocarse en otras personas. La sexualidad aún se mantiene como un motivador para muchos jóvenes varones de edades universitarias, pero para la mayoría, la búsqueda de la intimidad va más allá de los encuentros sexuales. Una mujer de edad universitaria puede aún estar motivada por el status. Pero tanto en sus relaciones como en sus amistades con sus pares, la búsqueda de intimidad además va mas allá que el acercamiento de una mente egoísta que tenía en la adolescencia.

Para ambos, hombres y mujeres, la búsqueda de intimidad les motiva a su búsqueda de intimidad en los años universitarios. Ellos están buscando afirmación en cuanto a los que ellos van a ser. Ellos están buscando conexiones con otras personas como ellos, para que puedan seguirse moviendo a través del proceso de diferenciación e integración. Y ya que no tienen el mismo tipo de intimidad que tenían con sus padres, los jóvenes de edades universitarias, están en la búsqueda de nuevas "familias" (o una nueva relación con sus actuales familias), en los cuales ellos puedan encontrar un sentido de pertenencia.

Lance (un chico universitario de mi grupo) es un perfecto ejemplo de cómo estas motivaciones cambian. Estaba trabajando en mi oficina una tarde cuando Lance se detuvo para saludarme (al menos eso fue lo que él me dijo). Estaba en el teléfono cuando Lance tocó a mi puerta y me dijo: "¿Cómo estás?" . Con mi mano le dije que esperara, y que estaría en un minuto con él y que podríamos sentarnos. Una vez que terminé mi llamada telefónica le dije: "Hola Lance, ¿qué hay de nuevo en tu vida?". "No mucho", me dijo.

Él tenía una mirada pálida en su cara, así que le respondí: "¿A qué te refieres con no mucho? Parece que tienes mucho en tu mente". "No, en realidad no. Simplemente vine a dejar unos materiales para la iglesia y ya que me encontraba por acá decidí detenerme para saludarte".

"Bueno, hola". Después de eso simplemente lo miré a los ojos. Como podrás ver lo conozco muy bien. Me podía dar cuenta de inmediato al verlo sentado en esa silla y por la forma en que miraba la habitación donde nos encontrábamos que algo pasaba por su cabeza. Así que simplemente lo miré y sonreí, sin decir nada.

"Está bien, quisiera saber si tienes algunos minutos de tu tiempo para que hablemos". El cedió, nos reímos, y fuimos a buscar algo para comer.

Lance es un chico de veinte años que está pensando acerca de sus relaciones, particularmente sus relaciones con sus padres. Él quería sentirse más cerca de ellos, pero algunos obstáculos estaban en el camino. Uno de los obstáculos más grandes, era que había pasado la mayoría de sus años de adolescente tratando de separarse de su familia (lo cual es muy normal), pero unos años más tarde se encontraba a sí mismo sintiendo como si ni siquiera podía hablar con ellos. El anhelaba esa intimidad, pero no tenía idea de cómo llegar a ella.

Él me dijo que realmente tenía un deseo de hablar con sus padres pero que no sabía dónde iniciar. Confesó que se sentía incapacitado cuando se tratada de las relaciones personales. Anhelaba conexiones profundas con otras personas ahora que se encontraba pensando acerca de los aspectos importantes de la vida, pero se encontraba atascado.

Después de la secundaria, cuando las relaciones entre amigos y familiares han cambiado, los jóvenes de edades universitarias se encuentran a sí mismos sin ningún tipo de relaciones íntimas (a menudo por primera vez), estos sentimientos de soledad pueden ser un buen catalizador para la búsqueda de intimidad profunda con otras personas.

DESARROLLANDO LA INTIMIDAD

Uno de los retos principales que tienen los jóvenes de edades universitarias es el cómo aprender a encontrar y nutrir el tipo de relaciones íntimas las cuales ellos están anhelando. Como líderes, podemos ayudarles a identificar las formas en que ellos pueden dejar de sabotear esa intimidad y guiarlos en el proceso del desarrollo de la madurez y habilidades que necesitan para crearla.

Me he dado cuenta que la mayoría de los jóvenes de edades universitarias tienen cinco retos específicos cuando intentan desarrollar relaciones íntimas.

1. Falta de límites: sin tener que explicar de una manera muy amplia, déjame usar uno de los ejemplos más obvios de confusión con respecto a los límites. Sarah y Matt han sido amigos por algunos meses. Ellos comen casi todos los días juntos en el centro estudiantil. Estudian juntos. Van al cine y a los conciertos y toman cafés juntos. Ellos pueden hablar horas y horas acerca de nada y de todo. Sarah piensa que están avanzando en su relación, pero Matt no tiene intención de relacionarse sentimentalmente con Sarah. Para él, esta relación es realmente una gran amistad.

Las mujeres de edades universitarias como Sarah, a menudo confunden y se lastiman cuando se dan cuenta de que el chico no está realmente interesado en relacionarse sentimentalmente. Ellas no pueden entender cómo un chico puede estar tan emocional e intelectualmente involucrado íntimamente con ellas sin querer llevar la relación a un paso más profundo. Pero los hombres como Matt se confunden igual que las mujeres. Ellos no saben en qué se equivocaron. Ellos intentan ser buenos amigos pero no tienen idea de que sus amigas mujeres tienen otras expectativas.

Sin lugar a dudas tú conoces a muchas Sarahs y a muchos Matts. La situación básica aquí es un asunto de límites. A ambas partes les hace falta la madurez para conocer cómo comportarse apropiadamente en una relación de amistad y definir qué se puede hacer y qué no se puede hacer.

2. Falta de autoconocimiento: La falta de intimidad también viene en estos jóvenes de edades universitarias porque no se conocen tan bien como ellos creen que se conocen. Entre las edades de dieciocho y veinticinco años, el cerebro humano atraviesa por una cantidad masiva de cambios. Esto se parece mucho a lo que experimentaron en la pubertad, sin los locos cambios hormonales. Aun así, estos cambios son un gran problema de inconsistencia en los jóvenes adultos. Ellos están constantemente procesando nuevas ideas y experiencias, lo cual significa que sus opiniones y creencias cambian casi a cada momento. Consecuentemente ellos a menudo se contradicen a sí mismos. Esta inconsistencia impide esa búsqueda de intimidad. Estos jóvenes no son capaces de ofrecer una imagen confiable y verdadera de sí mismos en una relación, porque ellos aún no la han encontrado. Este constante cambio puede crear frustración y tensión en una relación, lo cual hace que la intimidad sea mucho más difícil de alcanzar.

3. Falta de confianza: la intimidad requiere comunicación honesta y vulnerabilidad. Pero para los jóvenes de edad universitaria, la confianza y la honestidad en otras personas puede ser algo difícil de encontrar. Ellos están empezando a darse cuenta que la mayoría de sus relaciones de secundaria estaban manipuladas de alguna forma. Y, por la capacidad que tienen ellos de pensamiento abstracto, se dan cuenta que además han sido víctimas de la manipulación de alguien más. Una vez que ellos llegan a este punto empiezan a hacerse reacios a hacerse vulnerables frente a otras personas, con miedo a que sean nuevamente manipulados. Y si ellos no pueden confiar en alguien, simplemente no pueden crear intimidad.

4. Falta de apertura: este despertar tan violento con el tema de la manipulación en las relaciones, tiene otro efecto negativo que inhibe la intimidad. Los jóvenes de edades universitarias son capaces de escoger qué es lo que permiten revelar acerca de sí mismos (y lo que retienen). Puede que ellos revelen una parte de ellos mismos en una relación, y otra parte de ellos mismos en otra relación. Este comportamiento es normal y en muchas formas les ayuda con el proceso de diferenciación en integración. Pero esto además tiene problemas que resultan en relaciones muy poco sanas.

La primera situación es esa tendencia a tener una apertura solamente parcial de sí mismos en cualquier relación que tengan ya que es toda una ilusión de relaciones íntimas. Ya que ellos consideran que tienen unas conexiones profundas, nunca van a aprender cómo revelarse de una manera holística hacia otras personas. Y sin ese aprendizaje de cómo completamente tener la apertura ellos se arriesgan a nunca experimentar intimidad real.

El segundo problema en esta falta de apertura es que engaña a los amigos de la persona con respecto al tema de la intimidad ya que no es eso lo que quieren en la relación. Ellos piensan que están llegando a cierto punto de intimidad en el cual no están (una amistad honesta y verdadera). Ya sea que el joven se encuentre como la persona que no se abre a los demás o se encuentre como la persona que recibe una falsa imagen de intimidad de sus amigos, los jóvenes de edades universitarias se encuentran aceptando y sin saberlo, un pobre sustituto de la intimidad real.

5. Miedo a la traición: este problema no es tanto una etapa según su edad, sino más bien una condición humana. Los jóvenes de edades universitarias han vivido lo suficiente para haber sido heridos por alguien. Ya sea que haya sido durante una relación sentimental que terminó mal, o una amistad que se rompió, o la relación con sus padres fue complicada de alguna forma; el corazón que ha experimentado la traición tarda mucho tiempo en sanarse. Ese dolor crea el miedo, y el miedo crea una barrera enorme hacia la intimidad. El deseo de intimidad entre los jóvenes de edades universitarias los lleva a tomar todo tipo de decisiones y cambios. Si se les deja solos, sin mentores que les ayuden a navegar a través de las aguas tumultuosas de las relaciones, ellos definitivamente van a fracasar.

¿QUÉ SIGNIFICA TODO ESTO PARA TU MINISTERIO?

Mientras trabajamos en el discipulado de nuestros jóvenes de edades universitarias, es importante que entendamos esa búsqueda que tienen de intimidad. He estado conversando acerca de los desafíos que esta búsqueda representa en los últimos años de adolescencia y cómo llegan ellos a darse cuenta cada vez más quiénes son y cómo pueden conectarse con otras personas. Mientras estos jóvenes empiezan a construir relaciones, ellos están usando lo que aprenden acerca de sí mismos y otros para afinar este sentido que van desarrollando de intimidad. Ellos han logrado manejar esas cosas que son un desafío en su intimidad (su inmadurez, sus miedos, su aun en desarrollo conocimiento de sí mismos) y hacen lo mejor que pueden para reconectarse con sus familias, y conectarse por primera vez con esa cantidad de gente que llaman amigos que encuentran en esta etapa de la vida.

Mientras miramos a nuestros chicos, sabemos que están batallando con su intimidad, así que podemos ayudarles en encontrar nuevas preguntas de sí mismos y de Dios. Pero tenemos que saber cómo reconocer cuales son estas batallas que tienen. Aquí hay algunas ideas que he visto en los problemas de intimidad de estos jóvenes y cómo los enfrentan en medio de estas situaciones espirituales profundas. Son algunos consejos que pueden ayudar en nuestro ministerio.

- Puede que ellos hayan escuchado que los líderes de jóvenes o pastores hablan acerca de tener una relación íntima con Dios, pero ellos no han sido capaces completamente de ver ni de entender qué significa esto hasta ahora. Esta etapa de la vida es un tiempo perfecto para hacer preguntas acerca de cómo ellos pueden desarrollar sus propias relaciones con Dios.

- La batalla de poder tener una apertura completa hacia otras personas puede dirigirles también a batallar con ser personas reales frente a Dios, que puedan completamente confiar en Dios, y que puedan sentirse completamente aceptados por Dios.
- Si ellos pasaron el tiempo en secundaria buscando relaciones estratégicas, las cuales pudieran beneficiarles a sí mismos y a nadie más, es muy probable que también tengan una relación similar con Dios.
- Ya que sus pensamientos y sentimientos están constantemente cambiando, podemos asumir que sus pensamientos y sentimientos acerca de Dios también están llegando a un punto de preguntas y de cambio.
- La habilidad de crear la ilusión de intimidad con otras personas, a menudo significa que los jóvenes de edades universitarias también saben cómo hacer esto con Dios. Crear una falsa intimidad.

La búsqueda de intimidad tiene implicaciones mucho más grandes en el proceso de discipulado de jóvenes de edades universitarias, de las cuales podamos imaginarnos. Va mucho más profundo que simplemente el deseo de hacer amigos y el deseo de dejar atrás la soledad y esa falta de contactos. Es una búsqueda de conexión, de comunidad, de un tipo de relación que yo creo que es una de las marcas fundamentales de la fe cristiana.

Para darle a estos jóvenes la guía que ellos necesitan mientras buscan esa intimidad con otros y con Dios necesitamos asegurarnos que les estamos dando un mensaje claro acerca de quién es Dios, acerca de quiénes somos nosotros, y acerca de cómo Dios los creó para que fuesen. Aquí te doy cinco ideas de cómo comunicar este mensaje:

1. Háblales acerca de la naturaleza de Dios. No podemos asumir que los jóvenes de edades universitarias conocen quién es Dios, aun si han sido criados en la iglesia. Simplemente no podemos asumir que ellos están avanzando en el conocimiento más profundo de Dios durante este tiempo. Para muchos de estos jóvenes, lo opuesto sí es cierto. Pero ellos estañen una etapa perfecta de descubrir a Dios en muchas formas. En esta etapa este descubrimiento de Dios es esencial para la formación de identidad y la búsqueda de relaciones íntimas. En medio de los conflictos que ellos constantemente experimentan en sus vidas, les es muy necesario ver la dependencia de Dios, su consistencia, y la confiabilidad que podemos tener en él (Salmo 9:10, Salmo 33:4 y Hebreos 13:8). Y ellos necesitan ver a Dios como la influencia más importante en su formación de identidad (uno que tiene características que son definitivamente dignas de imitar).

2. Anímales a su intimidad con Dios. Fuimos diseñados para la intimidad, y esa intimidad comienza con Dios (Mateo 22:37-38). Necesitamos recordarles a nuestros jóvenes de edades universitarias, que ese deseo que ellos tienen de intimidad es una de las formas que ellos pueden crecer en su relación con Dios. Dios se revela activamente a sí mismo a través de las Escrituras, a través de su Espíritu Santo, a través de los líderes espirituales, y a través de las amistades naturales que ellos puedan tener. Pero para que esta intimidad verdadera ocurra en una relación, también tenemos que revelarnos nosotros mismos a Dios. Nuestros jóvenes que han crecido en la iglesia han aprendido cómo pueden pasar este proceso de emociones en la fe sin que su corazón esté directamente con Dios (Isaías 29:13, Mateo 15:8). Necesitamos modelarles y animarles de una manera honesta y real nuestra relación con Dios. La misma confianza, vulnerabilidad, y comunicación que ellos construyen cuando se trata de relaciones humanas, puede ayudarles a bajar su guardia y permitirles que Dios esté en sus vidas. Anímales a que desarrollen una vida de oración significativa, y que se rodeen a sí mismos con personas que puedan llevarlos más cerca de Dios.

3. Modélales la vulnerabilidad. Los jóvenes de edades universitarias están genuinamente interesados en quiénes son, y necesitan abrazar esta curiosidad como una puerta que se abre hacia el discipulado. Entre más iniciemos relaciones con ellos a nivel emocional, espiritual e intelectual, ellos también lo harán con nosotros. Recuerda ellos lo desean pero pocas veces saben cómo perseguir esta intimidad. Necesitamos demostrárselo.

4. Sé consistente. El desarrollar cualquier relación íntima toma tiempo y consistencia, pero este hecho es especialmente verdadero con jóvenes de edades universitarias. Sus vidas están llenas de inconsistencias, cosas que se esconden en las relaciones íntimas. La consistencia construye confianza, ésta construye conexiones. Y esa construye amistades verdaderas.

5. Haz preguntas. En cuanto al comportamiento que los jóvenes universitarios tienen, y los problemas de identidad que han adquirido, han tenido que llegar a sus propias conclusiones solos. El que hagamos preguntas es el mejor camino para ayudarles a pensar a través de estas situaciones que ellos enfrentan. Algunas veces las preguntas más simples tienen el impacto más profundo: "¿Por qué quieres acercarte a algunas personas? ¿Qué intereses tienes en otras personas? ¿Qué piensas acerca de la intimidad? ¿Qué piensas que necesita estar presente en una relación para que sea realmente íntima? ¿Piensas que estás haciendo algo que pueda dañar la intimidad con otras personas?". Preguntas como estas hechas en el contexto de confianza y mentoría, pueden ayudar a nuestros jóvenes en su proceso de experimentar con la intimidad de una manera más efectiva.

El caminar con nuestros jóvenes de edades universitarias toma muchísimo tiempo e intención de parte de los líderes. Pero espero que estés empezando a ver la importancia del papel que tú juegas en la vida de tus jóvenes. Ellos nos necesitan como líderes, pero también como mentores y amigos, como personas con las cuales ellos pueden contar para un cuidado duradero durante estos años después de la secundaria. Ellos no necesitan grandes eventos o grandes actividades especiales para sentirse conectados con la iglesia. Ellos necesitan amistad con personas que les amen, y que estén íntimamente en una relación con Dios. Estas personas deben entender los retos únicos que enfrentan nuestros jóvenes de edades universitarias.

CAPÍTULO 6

EN BÚSQUEDA DEL PLACER

Esteban era un estudiante en mi ministerio, el cual, bueno, digamos que simplemente estaba probando mi paciencia. Él era uno de esos chicos en los cuales tu inviertes una cantidad enorme de tiempo y tu vida misma, y al final no miras absolutamente ningún cambio. Cero. Nada. Algunas veces me sentía que estaba hablando con una pared. Parecía ser que nunca entendía lo que trataba de decirle. El podía asentir con su cabeza, estar de acuerdo, hablar acerca de todos los cambios que debía hacer en su vida, y al final darse vuelta y continuar viviendo su vida exactamente igual que antes. Este patrón se repetía semana tras semana, mes tras mes, y me duele decirlo pero año tras año.

Esteban vivía en el momento, de una actividad social a otra, haciendo lo que él quisiera, cuando él lo quisiera, con poca preocupación y cero responsabilidades. Su auto proclamada filosofía de vida era hacer únicamente lo que él necesitaba hacer (siempre enfatizaba la palabra "necesitaba"), para así entonces hacer lo que quisiera hacer.

No me malentiendan, el era un gran chico y era muy divertido estar a su lado. Era extremadamente querido por todos y muy gracioso. Tenía muchísimos amigos y lograba que cada evento en el cual él participara fuese más divertido. Pero aun sus amigos lo consideraban inestable. Constantemente fallaba en cumplir con los compromisos en los cuales se había involucrado.

En un momento de su vida Esteban estaba desesperadamente buscando un trabajo, así que uno de sus amigos le consiguió una entrevista en una compañía en donde él trabajaba. La entrevista estaba programada para las once de la mañana un día martes. Recuerdo ese detalle porque Esteban y yo planeamos una reunión para tomar café más tarde ese día. Habíamos estado hablando un poco acerca de cómo podía obtener un trabajo y caminar hacia adelante en su independencia financiera. Así que yo estaba muy ansioso de escuchar cómo le había ido en su entrevista.

A sabiendas que Esteban usualmente llegaba tarde, me llevé un libro a la cafetería donde usualmente nos reuníamos, veinte minutos después de la hora que habíamos arreglado para nuestra reunión, vi a Esteban llegar y parquear su auto. En ese momento me di cuenta de lo emocionado que estaba por hablar con él. Este trabajo parecía una gran oportunidad, y realmente esperaba que le ayudara a dar un paso hacia adelante en su proceso de madurez. En el momento en que se sentó, le pregunté acerca de la entrevista. Sin dudar un momento, simplemente me dijo: "Ah, decidí no ir".

"¿Por qué tomaste esa decisión?", le pregunté, tratando con mucho esfuerzo de no explotar ante mi frustración. Él me explicó que había recibido una llamada telefónica de un amigo la noche anterior. Aparentemente, este amigo necesitaba hablar, así que Esteban le dijo que sentía de Dios reunirse con su amigo para que pudieran conversar.

"¿Pero la entrevista no era hoy?", pregunté.

"Sí, pero hablamos hasta las cuatro y treinta de la mañana", Esteban me dijo. "El está teniendo algunos problemas importantes con su papá y está tratando de resolverlos. Así que sentí que Dios realmente quería que lo ministrase."

Mientras la conversación seguía Esteban me explicó que su amigo le había llamado alrededor de las siete de la noche, así que cenaron juntos, vieron una película y estuvieron compartiendo por cerca de nueve horas. Cuando le pregunté si él por lo menos había llamado para cancelar la entrevista, él me dijo: "Estaba pensando hacer eso mañana. Me sentía muy cansado después de haber hablado toda la noche. Me dormí hasta la una de la tarde de hoy." Después de eso dijo la última cosa que derramó mi vaso. Él me dijo: "Pensé que si me despertaba antes de las once, entonces se suponía que yo fuera a la entrevista, pero si no lo hacía, es muy posible que Dios no quisiera que tuviera ese trabajo. Después de todo, Dios podría haberme despertado temprano, ¿no es cierto?". En ese momento cambié el tema de conversación.

Esteban no únicamente desperdició una gran oportunidad, pero además no mostraba ningún tipo de preocupación por el amigo que le había conseguido esta entrevista. Después tuvo las agallas de culpar a Dios por su falta de responsabilidad. Si hubiera considerado que de presionar un poco a Esteban en estas cosas le hubiera ayudado, lo hubiera hecho. Pero al haber tenido tantas conversaciones similares a esta me había dado cuenta que simplemente él no estaba listo para hacer un cambio. No estaba listo para renunciar a su egocentrismo y cambiarlo por responsabilidad y autocontrol.

No todos los jóvenes de edades universitarias son tan irresponsables como Esteban. Pero muchos de estos chicos batallan con su autodisciplina. La búsqueda social toma precedentes sobre las responsabilidades. El buscar placer toma precedencia sobre las responsabilidades adquiridas. Algunos jóvenes adultos se dan cuenta que esta actitud es problemática y desean ser más disciplinados, otros (como Esteban) han encontrado formas de racionalizar su comportamiento, ya sea espiritualizándolo, culpando a sus amigos o asumiendo que tiene un pase de libertad con el tema de la responsabilidad, porque ellos son jóvenes, o populares o atléticos o inteligentes, o cualquier otra cosa que a ellos les ayude evitar ser disciplinados.

Esta área en el ministerio de jóvenes con edades universitarias puede llegar a ser una de las más difíciles (no por los chicos en sí mismos, sino por los líderes). Nosotros (o por lo menos yo) podemos frustrarnos a causa de esa falta de autodisciplina, compromiso e inconsistencia, de modo que llega a ser difícil encontrar la paciencia y el entendimiento que nuestros jóvenes desesperadamente necesitan de nosotros. Es un área en la cual nosotros tenemos que personalmente ejercitar el autocontrol y el compromiso.

Cuando estoy batallando con una persona como Esteban, encuentro útil el dar un paso atrás y pensar acerca del por qué las personas de edades universitarias actúan de esta manera. Yo estoy seguro de que ellos no están tratando de ser irresponsables (muchos de ellos en realidad quieren ser más maduros en esta área). El hecho es que, un número de situaciones están sucediendo en sus vidas que contribuyen a su fuerte necesidad de buscar el placer en lugar de la responsabilidad.

LA NUEVA LIBERTAD

Trevor es un joven de veintitrés años que vive en el sudeste de California. Está estudiando activamente y saca buenas calificaciones, trabaja cerca de treinta horas por semana, y practica el surf todos los días. Ahorra el dinero que entra a su bolsillo para poder utilizarlo en los inviernos esquiando en la nieve con sus amigos. Él sabe que un día tendrá que ajustar su estilo de vida, pero mientras llega ese día, está disfrutando su libertad. Sus padres han intentado hacerle entrar en razón y le han pedido que tome algunas decisiones acerca de su futuro. En repetidas ocasiones él les ha pedido que se alejen, les ha dicho que no va a cambiar y que pretende disfrutar de su libertad lo más que pueda mientras la tenga.

Emilia tiene veinticuatro años y está viviendo en la ciudad de Chicago. Ella ya terminó su carrera en la universidad y está trabajando a tiempo completo en un departamento de zapatos en una tienda importante. Sabe que podría encontrar un trabajo más acorde a su carrera, pero el que tiene en este momento le provee flexibilidad y suficiente dinero para que ella pague la renta y compre comida y ropa. Ella nunca tiene que trabajar antes de las diez de la mañana, así que ella puede acostarse tarde todas las noches, y disfrutar con sus amigos. Ella no quiere amarrarse a un trabajo en este momento. Ni siquiera sabe lo que es estar lejos de su ciudad Chicago. Pero por ahora ella está disfrutando de la vida.

Brianna tiene diecinueve años y vive en Oregón. Ella toma clases en una universidad local y toma clases como recepcionista en una firma de abogados. Ella vive en casa de sus padres y ahorra todo lo que puede del dinero que le ingresa. Ella tiene un fuerte deseo de establecerse formalmente y casarse en algún momento. Ella además ha estado ahorrando dinero para irse a Europa por seis meses. En este momento sus planes son regresar a la escuela cuando ella regrese de Europa, pero sus padres quieren que ella termine su educación antes de que ella viaje; ellos están preocupados de que ella no quiera terminar sus estudios si se va de viaje. Brianna constantemente le dice a sus padres que la escuela siempre va a estar ahí, y que ella quiere viajar antes de que se establezca formalmente en un trabajo.

Estas historias son únicamente tres de cientos que podría contarte acerca del valor que los jóvenes de edades universitarias han puesto en su recién encontrada libertad. Creo que tú indudablemente puedes contarme unas cuantas. Todos conocemos personas de estas edades que toman decisiones inteligentes acerca de cómo usar su libertad, su creciente independencia, personas como Emilia y Brianna quienes toman la responsabilidad en sí mismas de sus sueños y encuentran los caminos para explorar tanto sus opciones y hacer planes concretos para el futuro. Pero también conocemos personas como Trevor, que también están tan enamorados de su propia libertad que no quieren derrochar un solo segundo pensando en las responsabilidades que enfrentará muy pronto.

Cada joven de edad universitaria tiene que lidiar con su nueva libertad de manera diferente. Algunos la abrazan como una señal de adultez y usan esta libertad para probarse a sí mismos ante su familia y amigos. Algunos otros han tenido cierto tipo de independencia por algunos años (han trabajado formalmente, han comprado sus propios autos, han viajado por sí mismos) y por lo tanto toman la libertades que vienen después de la secundaria simplemente de paso. Sin embargo, me he dado cuenta que la mayoría de estos jóvenes están tan emocionados por su creciente libertad, que les lleva algunos años poder manejar el autocontrol sobre el placer. Como líderes, necesitamos entender que es natural que nuestros jóvenes exploren su libertad. Este viaje es parte de su crecimiento, parte de llegar a ser un adulto. Y es parte de disfrutar su vida. Trevor hace una aclaración válida (la libertad es corta) y no debiéramos negarle a nuestros jóvenes la oportunidad de vivir su vida al máximo y de poder crear recuerdos que duren para siempre (que sean seguros y legales, desde luego). También encuentro, que para la mayoría de ellos, la experiencia siempre es una buena maestra. Los jóvenes de edades universitarias aprenden muy rápido que dormir durante las clases bajará sus notas, que quedarse despiertos hasta tarde les va a perjudicar en su desarrollo en el trabajo y que ignorar sus tareas no les creará un buen ambiente con sus profesores. Más tarde que temprano, ellos encontrarán un mejor balance entre la libertad y la responsabilidad. Nuestro papel aquí no es el de forzar este proceso para que vaya más rápido, sino el de guiarlos a través de estas lecciones que por sí mismos deben tomar.

Al mismo tiempo, ayudarles a recuperarse de ese constante enfoque en sí mismos, en lo que se siente bien, o lo que es divertido, es nuestro trabajo como líderes. Dios nos ha llamado a tomar decisiones que no siempre son necesariamente confortantes o deseables. En el ministerio con estos jóvenes, tenemos que ayudar a nuestra gente a entender el punto de vista de Dios en cuanto al placer y la disciplina y las implicaciones que tienen ambas en sus vidas espirituales.

COSAS INFANTILES

No me importa si las personas en el ministerio tienen carreras o si están estudiando. No me importa si son graduados universitarios o personas que han abandonado la secundaria. No me importa si hacen deporte todo el día, viven en casa, y si sus padres pagan por todo lo que ellos consumen. Lo que sí me importa es cómo esas decisiones impactan sus vidas espirituales. Desde luego, queremos ayudarlos a que tomen buenas decisiones acerca de su futuro, trabajo y relaciones. Pero lo que realmente tenemos que hacer es poner a nuestros chicos en la dirección de Dios. Así que en vez de estar mirando su falta de disciplina en una forma negativa, podemos verla como una oportunidad para el discipulado.

Regresemos a Esteban (el chico que les conté al inicio de este capítulo). A él le faltaba la disciplina en todas las aéreas de su vida. Él vive completamente en el momento. Tiene un terrible historial cuando tenemos que hablar de compromisos. Y sospecho con bastante seguridad que él maneja su fe de la misma manera. La forma en que nuestros jóvenes viven, nos dice mucho acerca de su espiritualidad. Esa declaración es particularmente cierta en la forma que ellos le dan balance al placer y al auto control. Ellos no tienen mucho control sobre dónde se encuentran en la búsqueda de identidad o significado para sus vidas (esos descubrimientos vendrán con el tiempo). Pero ellos tienen control en cuanto qué tan egocentristas son y qué tanto peso ponen en la persecución del placer personal. Ellos nos necesitan para que les estemos pidiendo cuentas constantemente y que gentilmente los impulsemos a salir de su egoísmo y que vivan vidas mucho más profundas en su fe.

Me encanta como 1 Tesalonicenses 1:3 nos da un acercamiento a esa situación. Pablo está escribiendo a la gente en la iglesia de Tesalónica y les dice que: "Los recordamos constantemente delante de nuestro Dios y Padre a causa de la obra realizada por su fe, el trabajo motivado por su amor, y la constancia sostenida por su esperanza en nuestro señor Jesucristo". En el idioma griego el énfasis es claramente en la fe, en el amor y la esperanza para con la audiencia de Pablo, de hecho la forma que Pablo estructura su oración deja ver cómo estas tres cualidades producen su obra, trabajo y constancia. Sus lectores espirituales fueron motivados a la acción, no viceversa. Las acciones que ellos toman externamente son buenos reflejos de lo que pasa en su condición espiritual. Podemos intentar empujar a las personas hacia una dirección socialmente aceptable, pero lo que es realmente efectivo no lo lograremos de esta manera.

Tenemos que desarrollar la fe de las personas, su amor y su esperanza. Y cuando hagamos esto, las acciones externas caerán por su propio peso (Mateo 23: 25-26). Muy pocas personas de estas edades se conocen a sí mismas lo suficiente para reconocer por qué ellos toman las decisiones que toman. Ellos no saben cómo pensar acerca de sus motivaciones o cómo sus creencias influencian su comportamiento. Puede que digan que aman al Señor y que desean honrar a Dios con sus vidas, pero ellos aun viven en el momento, pensando acerca de sus propias necesidades y deseos primero, con una falta de responsabilidad y auto control. Creo que ellos quieren ser fieles, y creo que quieren tomar decisiones sabias y dirigidas por Dios que sean expresiones de su fe. Ellos simplemente necesitan que alguien les ayude a ver que esa fe demanda disciplina.

El apóstol Pablo ofrece tres perspectivas en la disciplina que encuentro especialmente útiles para ministrar a los jóvenes de edades universitarias. Pablo usa tres diferentes palabras para disciplina, cada una con un énfasis diferente en el aspecto de la necesidad de auto control en nuestras vidas: gymnazo, sophronismos, antaxis. Si podemos llevar a nuestros jóvenes a través de la perspectiva de Pablo, podemos darle una introspectiva en algunas formas de cómo la disciplina debiera jugar un rol importante en sus vidas.

El término *gymnazo* habla de un entrenamiento a alguien dentro de una estructura formal como la de un gimnasio. Habla de estar enfocado en algo muy específico y trabajar intensamente hacia ese objetivo. Nosotros conocemos que los gimnastas son personas bien entrenadas. Trabajan por años, dedican su vida entera al mejoramiento de su deporte. Pablo usa este término figurativo a través del Nuevo Testamento como una forma de hablar acerca del entrenamiento mental y espiritual que él cree que los cristianos necesitan interiorizar. Él usa este término en 1 Timoteo 4:7-10, donde dice:

> "Rechaza las leyendas profanas y otros mitos semejantes. Más bien, ejercítate en la piedad, pues aunque el ejercicio físico trae provecho, la piedad es útil para todo, ya que incluye una promesa no solo para la vida presente sino para la venidera. Este mensaje es digno de crédito y merece ser aceptado por todos. En efecto, si trabajamos, y nos esforzamos es porque hemos puesto nuestra esperanza en el Dios viviente, que es el Salvador de todos, especialmente de los que creen."

La nueva versión internacional traduce gymnazo tanto como entrenamiento o estar entrenándose y específicamente apunta en un entrenamiento en la dirección espiritual. Si los jóvenes de estas edades a los cuales estamos ministrando expresan su deseo de ser fieles y de vivir constantemente su fe, ellos van a necesitar gymnazo. Si ellos no están mostrando disciplina en su propia carne, es muy probable que tampoco lo estén haciendo a nivel espiritual. Si ellos no son disciplinados, ellos no pueden ser santificados. Es así de simple. Tenemos que ayudarles a entender que la disciplina en todas las áreas de la vida es un entrenamiento para la verdadera santidad.

Al mismo tiempo, tenemos que aclararles que el objetivo aquí no es tener un comportamiento perfecto. En lugar de eso, su comportamiento debe señalar a lo que está ocurriendo en sus vidas espirituales. Sus corazones están donde nuestra preocupación debería estar. Los jóvenes de edades universitarias pueden caer en la trampa de creer que la idea de tener una apariencia divina en la vida es el fin último (mira unas páginas atrás la excusa de Esteban cuando perdió la entrevista de su trabajo). Necesitamos decirles (y a algunos una y otra y otra vez) que estamos preocupados por lo que vemos pues refleja sus corazones y sus corazones son lo que realmente nos importa.

La segunda palabra que Pablo usa para disciplina es la palabra *sophronismos*. Este término habla de tener auto control junto con un juicio personal sano y claramente es un atributo que Dios da a los creyentes. Este habla de la habilidad de tomar decisiones sabias y ejercitar el auto control para alcanzar el propósito de ser santo. Pablo usa este término en 2 Timoteo 1:7: "Pues Dios no nos ha dado un espíritu de timidez, sino de poder, de amor y de dominio propio". Aun cuando los jóvenes de edades universitarias empiezan a pensar acerca de su identidad, el desarrollo de relaciones íntimas, y empiezan esa búsqueda por un significado de la vida de una manera más profunda, a menudo les hace falta el auto control que hace que esa esperanza que tienen llegue a ser realidad. En lugar de irte hacia el sueño de tener un trabajo que requiere que ellos estén a las ocho de la mañana, prefieren continuar saliendo tarde con sus amigos hasta la madrugada. En lugar de ahorrar dinero para los viajes misioneros cuando se gradúen de la escuela, ellos prefieren utilizar hasta más no poder el crédito de sus tarjetas. Estos juicios que toman claramente no son de carácter espiritual, pero para los jóvenes de edades universitarias los cuales se comportan de acuerdo con lo que la sociedad les dicte, y con su perspectiva de autocomplacencia, tienen excelente sentido.

Una de las obligaciones que tenemos como sus líderes es poder retarlos a que piensen adecuadamente en cuanto a los juicios que toman. Más importante aun, tenemos que ayudarles a entender que Dios les ha dado la habilidad que tienen para tomar decisiones juiciosas. Ellos necesitan poder ejercitar esa habilidad para poder vivir de una manera digna.

La tercera palabra que Pablo usa es *taxis*, un término militar que sugiere estructura, una vida con propósito, organización y orden. Pablo está muy emocionado con el tipo de vida taxis que ve en la iglesia de Colosas. Él anima a estos creyentes a que tengan este tipo de auto control. En Colosenses 2:5 Pablo escribe: "Aunque estoy físicamente ausente los acompaño en espíritu, y me alegro al ver su buen orden y la firmeza de su fe en Cristo." Es importante notar que Pablo hace un eslabón entre su vida ordenada con su fe ordenada. Los jóvenes de dieciocho a veinticinco usualmente no están caracterizados por el término taxis. Pero si lo que quieren es estar firmes en su fe, ellos necesitan desarrollar este tipo de disciplina. Nuestro papel es ayudarles a pensar cómo esta falta de orden en sus vidas puede negativamente afectar su fe.

Una vez más, tenemos que ser precavidos en no alentar ningún tipo de legalismo en nuestros jóvenes de edades universitarias. El tipo de disciplina que Pablo discute aquí, va mucho más profundo que simplemente tiempos de quietud, tiempos de oración, a un compromiso a servir en la iglesia. Con este término, Pablo insta a los cristianos a desarrollar una forma de pensar en la cual buscamos algo más que simplemente nuestro auto placer. Necesitamos animarles a la lectura de la Biblia, a tener tiempos a solas con Dios, a la oración y el servicio como un medio hacia un fin. Estas son formas en que construimos una vida santa.

No es que a los jóvenes de dieciocho a veinticinco les falte el deseo para ser santos, es simplemente que ellos no entienden el papel disciplinado que juegan a la hora de ayudarles a crecer en el cristianismo maduro estas cosas. Por ejemplo, los jóvenes de edades universitarias son conocidos por considerar esa búsqueda de lo que hemos llamado "armonía interior" o "paz interior" como la razón por la cual están participando en algún tipo de servicio religioso. Mientras que una tremenda cantidad de alegría viene de adorar al Señor con nuestros hermanos y hermanas en Cristo, el punto no es que nos hagamos sentir a nosotros mismos mejor. Desarrollar un sentido de paz no es el fin de una vida entregada en las manos de Dios. La vida en santidad viene primero. La paz, la armonía y el sentirse bien espiritualmente son bendiciones que vienen de Dios después que estamos viviendo una vida en santidad. El enfoque en sí mismos que tienen nuestros chicos, enturbia este concepto. Así que cuando nuestros jóvenes piensan acerca de su fe centrada en sí mismos, es necesario entonces que los re enfoquemos.

HACIENDO LA CONEXIÓN

El que reemplacemos la búsqueda de placer con auto control y disciplina, no significa que nuestros jóvenes deban buscar trabajos sólidos o que renuncien a algunos placeres que ellos quieran tener en sus vidas. Lo que sí involucra es una búsqueda de la santidad en cada una de las áreas de sus vidas. Me he dado cuenta que la mayoría de los jóvenes de edades universitarias quieren llegar a ser más disciplinados. Ellos reconocen que esta es la única forma en la cual ellos pueden ser las personas que ellos quieren ser. Podemos ayudarles haciéndoles preguntas acerca de su proceso de tomar decisiones, el que les enseñemos las palabras de Pablo acerca de la disciplina, y que lleguen a ser ejemplos sólidos de auto control. Cuando nosotros hacemos esto, ellos nos harán más preguntas, pensarán acerca de las implicaciones de sus decisiones, y empezarán a interactuar con algunas personas que tienen características de santidad con las cuales ellos puedan conectarse.

La búsqueda de placeres es realmente una búsqueda de identidad. Para algunos, es un aspecto en su etapa de exploración, para otros, es simplemente otra forma de ser aquel "flotador" que no tiene ningún tipo de dirección. Como lo he dicho antes, podemos ayudarles, guiarles en este proceso cuando estamos consistentemente ahí para ayudar a nuestros jóvenes en su búsqueda de disciplinas santas y de fidelidad. No tenemos que apresurarnos o forzarlos pero podemos con seguridad jugar un papel en su transformación de identidad hacia hijos de Dios santos.

CAPÍTULO 7

DESCUBRIENDO LA VERDAD

Jimmy es uno de los muchachos más agradables que puedas conocer. Es muy llevadero. Siempre tiene una sonrisa en su cara, y haría cualquier cosa por cualquier persona. Él es un líder en todos los sentidos de la palabra. Sirve en cualquier forma que se necesite. Él guía con el ejemplo, se le acerca a los poco populares, y tiene un tremendo corazón por los que no tienen ayuda. Es muy confiable además de humilde y da mucho gusto tenerlo cerca. Él es el tipo de persona que es una bendición conocer.

Una noche después de que la reunión concluyó, Jimmy me preguntó que si podía reunirse conmigo en algún momento de la semana. Dijo que había estado pensando en algunas cosas por mucho tiempo y se preguntaba si podíamos conversar de algunas de ellas. Le dije que me encantaría salir con él, así que establecimos un tiempo para salir juntos.

Unos días después nos reunimos en Quiznos. Mientras intetábamos sentarnos a comer nuestros emparedados, la cara de Jimmy se puso rojo brillante. Tenía una mirada de vergüenza, remordimiento y confusión. Trató de decir algo pero su voz se llenaba de emoción cada vez que empezaba a hablar. Parecía estar poniendo toda su energía en tratar de que las lágrimas no brotaran de sus ojos. Su comportamiento fue un poquito sorprendente, así que hice mi comida a un lado y dije: "Oye, tómate tu tiempo. Tengo todo el tiempo que necesites."

Después de un par de minutos pudo hablar con su voz quebrantada en cada palabra. "Siento como que he hecho todas las cosas correctas en mi vida. Nunca he caminado lejos del Señor y ni siquiera lo he pensado como una opción. Siempre he tratado de hacer lo que mis padres y mis pastores me han dicho…" y luego se quebrantó totalmente. No pudo decir ni una palabra pues las lágrimas inundaron su cara, y luego apartó la mirada de mí con vergüenza. Sin saber qué decir solamente esperé en silencio.

Después de un minuto o algo así, Jimmy levantó su cabeza y me miró. Con su voz más firme dijo: "Estoy tan apenado, Chuck". Me miraba como si no estuviera seguro de seguir hablando. Limpió sus ojos y su nariz y dijo: "Muy bien, solamente tengo una pregunta". Respiró profundamente y dijo: "La pregunta que tengo es, ¿qué significa tener fe?".

Eso era todo. Tengo que decirte que esperaba algo mucho más dramático y problemático. Rápidamente aprendí, sin embargo, que su incertidumbre era dramática y extremadamente problemática para él. La mirada de humillación en su cara era asombrosa. Él estaba tan avergonzado de hacer esa pregunta. Asumió que con su experiencia de cristiano de por vida, no debió hacer esa pregunta. Él pensó que alguien con sus habilidades de liderazgo y responsabilidades debería saber la respuesta. Pero yo sabía exactamente lo que le sucedía a Jimmy, y una vez que me recuperé del choque de ver cuán normal era su problema, supe también por qué estaba sucediendo.

Por primera vez en su vida, Jimmy se enfrentaba cara a cara con la realidad de que él realmente no tenía su propia fe. Él había crecido en la iglesia y sabía lo que se suponía que debía hacer y pensar pero realmente nunca había tomado posesión de esas creencias. Él sabía cómo responder a lo que sus padres, pastores y líderes juveniles querían escuchar. Él podía regurgitar una gran cantidad de información pero no tenía ni idea por qué lo hacía. Simplemente había aceptado lo que otras personas decían, nunca pensaba al respecto o lo cuestionaba. En meses recientes, él se había dado cuenta de cuán poco profunda realmente era su fe. Él supo que si iba a tener una fe auténtica y propia, necesitaba empezar de nuevo. Su pregunta hacia mí fue el primer paso en un viaje hacia una fe real y honesta.

LA BÚSQUEDA DE UN PUNTO DE VISTA PERSONAL DEL MUNDO

Como hemos visto, los jóvenes de edades colegiales piensan en todo tipo de problemas—identidad, intimidad, el significado de la vida, auto control. En el corazón de todas estas cosas está la necesidad de saber lo que ellos creen y por qué lo creen. No pueden encontrar una identidad o una conexión profunda o un sentido de propósito o motivación de auto control sin evaluar y cuestionar sus pensamientos de Dios y la fe.

No importa de qué tipo de trasfondo religioso vienen—y aun si ese trasfondo no es religioso—durante estos años, ellos se dan cuenta de que han aceptado lo que se les ha dado. Para algunos de ellos, llegar a esa conclusión no es gran cosa. Pero para la mayoría, como Jimmy, llegan a un punto donde reconocen le necesidad de echar un vistazo mucho más cercano a la creencia con la que crecieron y a través de la cual siempre han visto el mundo. Ellos se dan cuenta que necesitan desarrollar un punto de vista personal acerca de mundo.

Nuestro propósito como líderes de jóvenes de edades colegiales es ayudarlos a crear un punto de vista, divino y basado en la Biblia, acerca del mundo. Unos pocos entran a estos años con un buen panorama del mundo, pero muy pocos los dejan sin uno. Todo a lo que ellos están expuestos y lo que se les enseña influencia su panorama del mundo. Sus experiencias culturales, raciales, sus trasfondos sociales y sus familias, todos juntos forman su entendimiento de las personas, su comportamiento y de Dios. Y su panorama del mundo, en turno, le da forma a todo lo demás.

Este panorama del mundo está para ser tomado durante los años post colegiales porque este período es a menudo la primera vez que los jóvenes experimentan un panorama del mundo que es diferente al de ellos. Conocen personas de otros pueblos—posiblemente de otros países—personas con experiencias y conclusiones acerca de la vida, muy diferentes. Conforme estos jóvenes interactúan con personas nuevas y nuevas ideas, se dan cuenta que las suposiciones con las que vivieron por 18 años no siempre se sostienen en este mundo más amplio.

Sucede todo el tiempo—quizá hasta te pasó a ti. Cuando le sucede a nuestros jóvenes, puede ser un momento de "hacer o de romper" en su viaje de fe. Sin un mentor cuidadoso que los guíe a través del proceso de una formación de un panorama del mundo, los jóvenes de edades universitarias muy a menudo abandonan la fe totalmente.

TRES ROMPE TRATADOS

Al principio de este libro, hablé acerca de la forma en que el cerebro de los jóvenes de edades universitarias está cambiando. El cambio más significativo es el paso de pensamientos concretos a pensamientos abstractos. Ese paso tiene un tremendo impacto en la formación de la concepción del mundo. Eso es lo que causa que un joven haga preguntas que nunca ha hecho antes, dudar acerca de lo que un día sostuvo como certeza, y tener su entendimiento de la verdad volcado hacia afuera.

La habilidad de pensar de manera abstracta también causa que estos jóvenes hurguen en áreas de pensamiento a las que antes no les habían puesto mucha atención. Encuentro que tres de tales áreas parecen causar los mayores problemas para estos jóvenes: ciencia, filosofía y la religión. No es que estas áreas de pensamiento sean problemáticas en sí mismas. Es que ellas dirigen todas las grandes preguntas de la vida: ¿Quiénes somos? ¿Por qué estamos aquí? ¿De dónde venimos? ¿En dónde terminaremos? ¿Qué significa todo? Cada una de estas preguntas hace a los jóvenes aterrizar en una de estas tres áreas de pensamiento. Los líderes necesitan tener un conocimiento sólido en las cuestiones que cada área levanta y el impacto que cada área tiene en la formación de un panorama del mundo.

Ciencia. Los jóvenes de edades colegiales a menudo se asombran al encontrar que algunas personas tienen creencias radicalmente diferentes a las suyas. Por primera vez, se encuentran con los ateos, los humanistas seculares, y los gnósticos quienes tienen explicaciones bien hilvanadas de por qué creen lo que creen. Estos podrán ser el jefe, un compañero de cuarto, un profesor o el hermano de la novia. Muy a menudo, muchos de estos jóvenes regresan de sus primeros meses fuera de casa con sus cabezas llenas de preguntas—y muchas confusiones.

Estas preguntas típicamente tienen un tipo de pie en el mundo de la ciencia. No me refiero a que necesariamente son "preguntas de ciencia" sino preguntas de la vida, la fe, Dios y el significado que ha salido de las conversaciones acerca de cualquier cosa, desde creación a naturaleza humana o hasta política. Esas conversaciones causan que los jóvenes vean inconsistencias en el sistema de creencias con el que crecieron.

Algunas veces ellos apuntan las suposiciones defectuosas

que han sostenido por años. Todo ese re-pensamiento puede drásticamente sacudir los fundamentos respecto al punto de vista del mundo de un joven.

Para algunos, este rompimiento resulta en una introspección saludable, del tipo que profundiza y fortalece su sistema de creencias. Pero para otros, este levantamiento puede ser devastador. No importa cómo manejan estos jóvenes esta reestructuración inevitable, necesitamos estar preparados para guiarlos a través del proceso de enfrentar las preguntas duras de la ciencia.

Les ayudamos cuando reconocemos que las conversaciones acerca de la fe y la ciencia no son tan blanco-negras como han parecido. Las dos no son necesariamente lados opuestos de la misma moneda. De hecho, creo que establecerlas como tal nos hace perder el verdadero punto de la fe.

Por ejemplo, algunos grupos ponen gran esfuerzo en discutir la autenticidad de la Biblia usando evidencia científica. A la misma vez, estoy muy consciente de las investigaciones que soportan la veracidad histórica de la Biblia, y podría argumentar con alguien durante días acerca de por qué creo que la ciencia da soporte a la autenticidad de las Escrituras. Pero creía en la autoridad de la Biblia mucho antes de saber cómo "probarlo" porque la fe, no las investigaciones científicas, define mi creencia en la verdad. Mi fe es una convicción interna que va mucho más profunda que las observaciones de la creación de algunas personas.

La fe y la ciencia son dos perspectivas muy diferentes de cómo una persona determina la verdad. Es un enfrentamiento entre puntos de vista del mundo. Uno cuenta con una convicción y una transformación interna para entender la verdad, la otra en información externa. Es en vano comparar los resultados de estos dos acercamientos para entender la verdad. Queremos enfocarnos en llegar a la raíz de lo que determina las conclusiones.

También tenemos que puntualizar que la ciencia no es perfecta. Ciertas teorías científicas que alguna vez se tuvieron como hechos incontrovertibles han sido probadas como falsas—la tierra no es plana, como la ciencia proclamó que era. La mayoría de los científicos reconocen que mucho de lo que ellos creen es su mejor conjetura basada en la evidencia que ellos poseen y que eso realmente puede cambiar si la evidencia cambia. Los "hechos" de la ciencia son aun observaciones humanas.

También tenemos que cuidarnos de la hipocresía. Los cristianos a menudo crean una barrera contra la ciencia cuando parece contradecir lo que ellos creen, luego abrazan la ciencia cuando nos da soporte. Pero de nuevo, esta respuesta completamente erra en el punto. La fe no está basada en lo que puede ser probado. Está basada en nuestra creencia de que Dios es quien Él dice que es.

Queremos que nuestros jóvenes de edades universitarias tengan las habilidades y confianza para navegar en el, algunas veces, mundo polémico de la ciencia. Pero más que todo, queremos que tengan un panorama bíblico del mundo a través del cual ellos puedan valorar lo que ellos escuchan y aprenden sin una innecesaria confusión. Aquí está cómo podemos ayudarles a obtenerlas:

- Desmantelar el común punto de vista del mundo que dice que la ciencia puede explicar todo. Vivimos en una cultura que ha sido profundamente influenciada para bien o para mal por el Iluminismo. Durante ese período, la gente empezó a considerar la ciencia como el instrumento por el cual la verdad era determinada. Pero este pensamiento vuelca la fe de arriba para abajo. Esto sugiere que deberíamos usar la ciencia para determinar las verdades de nuestra fe en lugar de usar la fe para determinar las verdades de la ciencia. La ciencia es un medio por el cual podemos, algunas veces, encontrar algo que sea verdad, pero no es el factor decisivo de lo que es, en hecho, la verdad. Dios en sí mismo determina la verdad (Salmos 111:7, 119:160; Juan 14:6).

- Enseñar teología bíblica. Los jóvenes de edades universitarias están listos para un estudio de teología más intencional. Quienes han crecido en la iglesia conocen mucho acerca de su fe—las historias, las tradiciones, las doctrinas básicas. Pero encuentro que pocos de estos jóvenes saben nada acerca de por qué tenemos ciertas tradiciones o por qué esas doctrinas básicas son a las que nos pegamos. Ellos están listos para que los lleves más profundo en la teología detrás de su fe. Así que desafíalos con tus textos favoritos, anímalos a hacer preguntas difíciles de su fe y buscar respuestas, y dales permiso para cavar bien profundo y moverse más allá de la "información" de su fe.
- Explica la "fe" detrás de la ciencia. Aunque pocas personas lo admitirán, toma tanta fe para aceptar la ciencia como un hecho como para aceptar la teología como un hecho; es solamente fe en las personas ejecutando la investigación en lugar de la fe en algo más. Tenemos fe en que los científicos nos están dando información completamente imparcial, sin agenda y por el solo beneficio de destapar la verdad. Tenemos fe de que haya algo como hechos completamente objetivos. Me encanta el Canal Discovery tanto como a las otras personas pero eso no significa que deberíamos poner la ciencia en un pedestal de verdad.
- Apuntar que toda la verdad es verdad de Dios. Si alguien que observa la creación encuentra algo que sea "verdad científica," es la verdad de Dios lo que han encontrado. Necesitamos reclamar la verdad como algo que le pertenece a Dios no a la ciencia (1 Corintios 3:18-23). La diferencia entre

un punto de vista secular y uno cristiano es qué o quién determina la verdad. Clarificar el rol que la ciencia juega en nuestras vidas es absolutamente crucial para guiar a los jóvenes hacia conclusiones maduras espiritualmente acerca de la verdad.

2. **Filosofía.** Una de las influencias más poderosas en el desarrollo de un panorama del mundo es la discusión filosófica. Con la expansión de sus habilidades de razonamiento y el deseo de pensar a través de cuestiones abstractas a un nivel más profundo, los jóvenes son típicamente acercados a temas filosóficos. Garantizado, algunos son menos estimulados por conversaciones intelectuales que otros pero en mayor parte los jóvenes están interesados en hablar acerca de cuestiones abstractas como la ética y la moral. Y, como la ciencia, los pensamientos filosóficos e intelectuales pueden, ya sea, afirmar u oponer las presuposiciones de un joven acerca del mundo.

Para muchos jóvenes de edades universitarias estas conversaciones primero suceden en las aulas de clases. Esos que se sientan debajo de un buen profesor de filosofía son a menudo sorprendidos en cuán profundo puede una persona pensar a través de un tema particular, como cada pregunta parece ser respondida con otra pregunta. Ellos escuchan ideas que nunca han escuchado antes, descubren perspectivas de la vida, Dios, la humanidad, la moral y significados que nunca han considerado antes. Ellos sienten que sus mentes se expanden y se confunden... ¡y es emocionante!

Aun aquellos que se graduaron de secundaria pero que no van a la universidad se encontrarán en conversaciones con compañeros de trabajo, clientes, arrendatarios, compañeros de cuarto y amigos que desafiarán sus suposiciones en cuestiones éticas y morales. Estas conversaciones no están limitadas por las aulas. Vienen con el territorio juvenil.

En mi experiencia, los jóvenes que mejor exponen esta enorme expansión mental son esos con corte teológico que toman lo que escuchan, lo ven a través del lente de lo que creen y salen con una fe muchísimo más pensada de la que tenían cuando iniciaron. Pero ese buen resultado clama por un buen lente.

Podemos ayudar a nuestros jóvenes a desarrollar este lente de estas maneras:

- *No descartar la filosofía.* Los cristianos nunca deberían ser seguidores de la fe, sin pensamiento, necesitamos saber qué creemos y por qué lo creemos. Necesitamos comprometernos en las difíciles conversaciones de la vida con atención e inteligencia. La filosofía no es el enemigo de la fe. El enemigo de la fe es una confianza en la inteligencia humana como el único recurso del conocimiento. Muy a menudo, los jóvenes de edades universitarias quedan deslumbrados por su propio intelecto perdiendo completamente el toque con una perspectiva cristiana de la vida aquí en la tierra (Colosenses 2:8).

- *Hacer un trabajo previo.* Cuando sea posible, necesitamos preparar a nuestros jóvenes para las cuestiones filosóficas que aparecerán durante estos años. Tan bien como podamos, necesitamos comprometer sus mentes con conversaciones más profundas de fe —tales como ética, moral y significado— para que estén ya listos considerando lo que la Biblia nos dice acerca de estas cosas y cómo eso forma nuestra creencia. El objetivo no es mantenerlos sin que hagan preguntas sino ayudarles a ver que su fe les ofrece respuestas a las preguntas intelectuales más profundas.

- *Definir la filosofía apropiadamente.* Cuando los jóvenes encuentran discusiones filosóficas por primera vez, podrían sentir que han descubierto el secreto para una vida inteligente. Necesitamos señalar que la filosofía es simplemente una de las formas que los seres humanos tratan de que el mundo tenga sentido. Todas las personas que se emplean en conversaciones y pensamientos filosóficos, lo hacen con una inclinación que está basada en su visión del mundo. Debemos enfocarnos en ayudar a los jóvenes a ver más allá de las conclusiones que parecen tener sentido y las presuposiciones que generaron esas conclusiones. El simple entendimiento puede prevenirlos de tirar su fe solo porque alguien hace lo que podría parecer como un argumento lógico contra ello (1 Corintios 3:18-19). La filosofía, como la ciencia, no tiene un conflicto con la fe.

- *Enseñar teología.* Si podemos ayudar a los jóvenes a entender quién es Dios, enseñarles cómo desarrollar una fe profunda y consistente, y enseñarles a cómo ver todo a través de ese lente, entonces estamos yendo en la dirección correcta. No podemos subestimar la importancia de conocer a Dios y ver el mundo desde una perspectiva basada en la fe (Colosenses 1:9).
- *Guiar a las personas hacia la Escritura todo el tiempo.* Hay tantos jóvenes que nunca han aprendido cómo usar sus Biblias. La mayoría de ellos creen que la conocen bien porque han escuchado historias bíblicas, hecho horas de devoción, rellenado hojas de trabajo, y memorizado versos. Pero solo por que hayan completado esas tareas no significa que sepan cómo leer la Biblia. Es nuestro trabajo ayudarlos a pensar en cuán bien ellos realmente conocen la Escritura. Obtener conocimiento y entendimiento de ella nos guiará a un entendimiento apropiado de verdad y nos permitirá clasificar los argumentos basados en diferentes vistas del mundo.

3. Religión. Cuando se trata de formar una perspectiva del mundo, ningún componente es más importante que el credo religioso.

Como ya lo apunté, la teología últimamente dirige cada perspectiva del mundo, así que la religión naturalmente va a jugar un gran rol en el desarrollo de una visión del mundo. En conjunto con la ciencia y la filosofía, la religión está mucho más en el radar de los jóvenes. Ellos tienden a ser muy "espirituales," pero no usualmente en el sentido bíblico. Por ejemplo, ellos ven la fe personal más importante que ser parte de una comunidad de fe.

Muchos jóvenes de edades universitarias asisten a reuniones religiosas organizadas de forma regular pero la mayoría parece creer que ninguna religión tiene toda la verdad—aceptan un tipo de universalismo donde cada religión tiene un pedazo de la verdad, pero ninguna en su totalidad. Ellos confían en sus propios pensamientos, sentimientos y el deseo de escoger lo que es verdad y lo que no lo es. Puesto que ellos están ocupados con cuestiones espirituales, creen que son seres espirituales.

En muchas formas, esta actitud es un reflejo de la búsqueda de la identidad. Los jóvenes suspiran por su comunidad y buscan justicia para los desamparados, pero están primeramente preocupados con sus convicciones individuales. Ellos aceptarán o rechazarán una comunidad religiosa basados en cómo encaja en sus deseos, necesidades e ideas, más que dejar que la comunidad los inspire a replantear las ideas que ellos tienen.

En este sentido, los jóvenes que asisten a la iglesia y los que no son muy similares. Puesto que los jóvenes están buscado una identidad independiente de sus padres, el credo religioso con los que ellos crecieron juega un rol mucho menos significativo de lo que podríamos pensar. La mayoría de nosotros conoce personas que crecieron en la iglesia y que continúan abrazando la fe con la que fueron criados. Pero a un nivel nacional, este grupo es tan pequeño que los estadistas no les pueden dar seguimiento. La mayoría de los jóvenes universitarios abrazan diferentes creencias a la de sus padres—algunas veces por una cuestión de principios, otras como un acto de rebelión pero siempre como resultado de sus propias convicciones. Esta ocurrencia no es solamente cierta para los cristianos, sino para cada grupo religioso. Es una cuestión de la edad no de cristianismo.

La religión juega un rol sustancial en la búsqueda de la verdad porque todos los jóvenes —conscientemente o no— están pensando a través de su teología. Típicamente ellos consideran su credo fuera de cualquier sistema religioso único, en lugar de ello investigan varios credos y sistemas. Conforme ellos exploran, nos necesitan para honrar el proceso por el que están pasando (con nuestro entendimiento y nuestra apertura a la conversación), también dándoles las herramientas que ellos necesitan para llegar a conclusiones maduras y bíblicas. De las siguientes maneras:

- *Conocer lo básico.* Las cinco mayores perspectivas del mundo son el naturalismo, el teísmo, el panteísmo, el espiritualismo/politeísmo y el modernismo. Cada una de las mayores religiones del mundo sostiene al menos una de estas perspectivas. Como líderes, necesitamos tener un mínimo entendimiento de cada uno si vamos a ayudar a los jóvenes a pensar a través de sus creencias. Necesitamos estar preparados para hablar de estas perspectivas con inteligencia y compromiso pero también con entendimiento sólido de la teología cristiana. Cuando nuestros jóvenes se acercan con preguntas difíciles tenemos que estar preparados para responder con entendimiento y convicción.
- *Permanecer firme a nuestras convicciones personales.* Cuando digo que necesitamos tener nuestra teología en lugar, no me refiero a que tenemos que negar nuestras

propias preguntas o dudas. De hecho nuestros esfuerzos para luchar con las preguntas de la fe pueden permitirle a los jóvenes saber que es posible ser una persona de fe y aun así reexaminar nuestra perspectiva del mundo ahora y siempre.

- *Enseñar algo de historia.* Muchos jóvenes que asisten a la iglesia se desvían de la fe con la que fueron criados porque carecen de un entendimiento de las raíces históricas del cristianismo. La búsqueda de la verdad a través de la religión usualmente consiste en mirar la historia de un sistema religioso en particular. La falta de énfasis en los cristianos—protestantes en particular—puestas en nuestras tradiciones históricas solamente refuerza el mensaje secular de que el cristianismo no puede permanecer ante un escrutinio. Conforme más expertos los jóvenes están en la riqueza histórica de nuestra fe, mejor podrán resistir la presión de desanimarse como si eso fuera inútil.

Guiar a los jóvenes a través de todos estos escenarios de desarrollo de un panorama del mundo, toma paciencia, firmeza, gentileza y estabilidad. Finalmente la mayoría llegará a un punto donde "aterrizar" en algunas conclusiones. Pero nuestro trabajo no está hecho cuando ellos llegan a este punto, de hecho, es solo el inicio.

ATERRIZANDO EN LA VERDAD

El proceso de desarrollo de una perspectiva del mundo es largo, arduo y lleno de cantidad de áreas grises. Pero una vez que los jóvenes llegan a conclusiones de sus perspectivas, algunas cosas repentinamente son blancas y negras de nuevo; unos pocos están dispuestos a comprometerse con lo que ahora ven como verdad. Consecuentemente, los adolescentes tardíos tienden a desarrollar conversaciones con una actitud juiciosa y arrogante. He desarrollado una fórmula para describirlo: conocimiento menos experiencia igual arrogancia.

No hace mucho tiempo, estaba en un retiro de un día con todo el personal de nuestra iglesia. Incluyendo a todos desde el jefe de las instalaciones, el equipo administrativo, los internos, pastores y los ancianos. Nos divertimos jugando "dodgeball" (siempre un éxito en los eventos de equipo), comimos el almuerzo y luego nos sentamos a hablar acerca de la visión de la iglesia. Previamentente los ancianos habían sugerido que por un mes todo el personal de la iglesia usara un tercio de su tiempo para enfocarse solamente a la oración. Nosotros planeamos emplear esta parte de nuestro retiro hablando de la logística de este plan.

A cierto punto de la tarde, uno de nuestros pastores pidió más discusión y retroalimentación acerca de la idea en sí misma. Ahí fue donde uno de nuestros internos hizo una declaración chocante—y humillante. El empezó: "Estoy muy agradecido a Dios por esto." Está bien, ese sentimiento era la parte buena pero él siguió: "He estado orando con un grupo de amigos para que esta iglesia sea más centrada en la oración le hemos rogado a Dios que haga que nuestra iglesia sea consistente con lo que cree y dice. Así que estoy muy agradecido de que los ancianos también se dan cuenta de la necesidad."

Oh si, él lo dijo en voz alta. Eso era lo que él sentía y lo sacó.

Ahora, lo que él dijo tenía algo de verdad. Nuestra iglesia había estado hablando muchísimo de la oración, pero no estábamos poniendo tiempo y energía como deberíamos. El equipo de ancianos se había dado cuenta de esta inconsistencia y decidieron hacer algunos cambios para poner un énfasis mayor en la oración en nuestra vida como un equipo. Así que el interno no había dicho algo que no fuera verdad. El solamente se estaba dando—y a sus amigos—todo el crédito de poner todo este asunto en la mesa.

Así que, despedimos a los internos (es una broma). Pero algunos de nosotros hablamos—gentilmente con él acerca del comentario. Él se dio cuenta de lo que dijo y admitió que fue un comentario arrogante hecho por "la juventud" (sus propias palabras). Oraciones como estas son muy común con los jóvenes, ellos tienen ideales de cómo las cosas deberían funcionar (algunas veces las formas correctas), pero les falta experiencia. No han vivido el dolor y la alegría de tratar de implementar sus ideologías, así que les falta paciencia y no entienden la necesidad de un proceso. Para ponerlo de otra forma, las conclusiones ideológicas a las que ellos llegan—y el hecho de que nunca las han vivido—causa un cuestionamiento arrogante del liderazgo y la autoridad. Aun cuando sus ideas de la verdad están correctas típicamente no tienen un acercamiento que implemente esa verdad con madurez.

Tenemos que compartir con ellos diferentes perspectivas basadas en la experiencia y verdades bíblicas. Tenemos que modelar humildad y sumisión. Tenemos que escucharlos, ponerle atención en sus ideas y animarlos en formas apropiadas, pero no dejarlos ir muy largo en el camino de la arrogancia ideológica. Esta respuesta, por supuesto, toma paciencia. Ellos van a hacer comentarios tontos. Ellos tendrán ideas que tienen total sentido para ellos pero que posiblemente no funcionarán en el mundo real. Tenemos que escucharlos, escucharlos en humildad y algunas veces apoyarlos en lo que ellos están haciendo.

Su inexperiencia es otra razón del por qué tenemos que guiarlos a través de esta parte de la vida. Están buscando la verdad, pero aun si la encuentran, les falta madurez para manejarla apropiadamente. Ayudarles a llegar a conclusiones maduras bíblicamente acerca de la verdad implica ir más allá de la ideología. Ellos pueden conocer todas las respuestas correctas y decir todas las palabras apropiadas, pero abrazar esas respuestas y vivir sus implicaciones es un paso totalmente diferente. No podemos lanzarlos a la vida que ellos necesitan vivir pero podemos ayudarlos a procesar su búsqueda por la verdad y aplicar esa verdad.

SECCIÓN 3: Creando un ministerio efectivo

CAPÍTULO 8
EL LÍDER

Mi primer día como pastor universitario fue interesante, para decir lo menos. Empecé un martes por la mañana justo después del día del trabajo. Me había mudado a la ciudad ese fin de semana y me sentía un poquito fuera de lugar. Pero me sentía emocionado por esta iglesia y el potencial para el nuevo ministerio que me habían pedido que iniciara.

Llegué a la iglesia y encontré la oficina del pastor principal, y toqué. No lo conocía muy bien a este punto, así que me sentí un poquito intimidado por él. Él me dijo que entrara así que abrí la puerta, caminé para apretar su mano y me senté al otro lado del escritorio, tratando de no mostrar toda mi ansiedad. Una vez que terminamos la conversación pequeña, pensé que nos habíamos movido a sus pensamientos acerca del ministerio universitario que yo estaría desarrollando. Asumí que él tenía algunas ideas bien claras acerca de lo que esperaba, que él estaría tan emocionado de que yo estaría ahí como yo lo estaba. En lugar de eso, me ofreció algunas sugerencias vagas acerca de la necesidad de "algo" para los jóvenes de edades universitarias.

Bien, pensé, al menos hay "personas." Luego me dio una pequeña nota con seis nombres escritos— los únicos seis universitarios que él conocía en la iglesia. Cuando me dio la nota, me dijo: "Aquí tienes, ahora puedes empezar el ministerio con los universitarios". Eso fue todo. No mas conversación, no más explicaciones, no más entrenamiento. Solo una pequeña lista de nombres.

Nunca había hecho ministerio con edades universitarias antes, así que no tenía ni idea por dónde empezar. Agregado a este "encuentro amoroso" él me llevó al final del pasillo y señaló una mesa pequeña y una silla. Me dijo que podía trabajar ahí por ahora y que si necesitaba hacer llamadas le podía preguntar a alguien más si podía utilizar el teléfono de su oficina. Luego regresó a su oficina y cerró la puerta.

Ahora que ese pastor y yo somos amigos—amigos cercanos, de hecho—sé que él estaba tratando de ver qué haría yo sin dirección. Y puesto que serví en esta iglesia por 9 años, creo que hice algo bueno. Por los primeros varios meses, me sentí como si estaba caminando sobre una calle sola y oscura.

En retrospectiva, yo fui uno de los afortunados. Estaba en una iglesia que en realidad vio la necesidad de un ministerio específico para jóvenes de edades universitarias y creó una posición para hacerlo realidad. Pero conforme más envuelto estoy en este tipo de ministerio, más me doy cuenta que a menudo es un ministerio quema espaldas, uno que no llama mucho la atención del liderazgo de la iglesia. Esa indiferencia deja a los líderes como nosotros preguntándonos, inseguros de nuestro rol y misión.

Si bien no te puedo decir cómo navegar en tus propias situaciones, te puedo ofrecer algunos principios generales para desarrollar un ministerio efectivo. He descubierto la mayoría de estas ideas de la forma más difícil—cometiendo errores dolorosos y buscando cómo reponerme de ellos. Mi esperanza es que al compartir estos siete principios contigo, pueda ayudarte a evitar que cometas los mismos errores que yo cometí, prepararte para algunas de las sorpresas que he tenido, mostrarte cómo enfocarte en las áreas correctas mientras estás lejos de las incorrectas, y guiarte hacia una misión significativa conforme trabajas para crear un ministerio de universitarios.

PRINCIPIO # 1: ENFOCARSE EN LAS PERSONAS NO EN LOS PROGRAMAS

La primera vez que conocí a Leif, era un borracho. Por alguna razón, Dios suavizó mi corazón hacia Leif, e inicié una amistad con él. Tuve que empezar a conocerlo y a salir con él por lo menos una vez a la semana. Ver el cambio en su vida en los últimos 10 años ha sido la bendición más grande en mi ministerio hasta el momento.

Leif me ha dicho que yo fui la primera persona que él conoció en la iglesia que "no quería algo de él". Esta impresión fue algo importante para él. Leif tocaba la batería muy bien, cada vez que las personas lo llamaban de la iglesia era porque querían que él tocara para algún evento o servicio. Muchos domingos por la mañana, el tocó la batería en la iglesia con su estómago aún lleno de cerveza de la noche anterior. Nadie sabía esto porque a nadie parecía importarle. Él tocaba la batería y el servicio necesitaba una baterista; por lo tanto, él tocaba—sin importar por lo que él estaba pasando. Después de un tiempo, esta situación lo desgastó. Se frustró y casi deja la iglesia.

El líder del ministerio de universitarios debe tener un corazón para servir a las personas. Algunos dirán que están para ministrar a las personas, pero la verdad es, que están tratando de construir un programa. Déjame poner el siguiente comentario tan brusco como pueda: si estás para las personas en tu ministerio, entonces tú y tu ministerio van a prosperar. Si tienes otra agenda, entonces tus jóvenes se irán y tu ministerio fracasará.

Como líderes de la iglesia, todos somos un poquito culpables de reunirnos con las personas por lo que podemos obtener de ellos. Si somos honestos al respecto, nuestra motivación para el ministerio a menudo parece—al menos en parte—como esto:

Figure 8.1

La pregunta más común que me hacen otros líderes cuando me llaman para preguntar acerca de nuestro ministerio es algo así: "Escucho que buenas cosas están pasando por ahí. ¿Qué es lo que estás haciendo?". Ellos ven o escuchan de un "resultado" (usualmente el número de personas en el ministerio), y ellos quieren reproducirlo. Ellos asumen que si usan nuestros programas y nuestro material (las herramientas que nosotros usamos para hacer que el programa funcione), ellos pueden duplicar nuestro éxito. El proceso de pensamiento es, si tenemos lo que ellos tienen, entonces podemos hacer lo que ellos hacen y por lo tanto producir lo que ellos producen. La motivación no es el ministrar a los jóvenes, sino tratar de que más personas lleguen a sus actividades.

Por supuesto, algunas motivaciones orientadas a las personas están mezcladas en este escenario—creo que ellos desean impactar a los jóvenes—pero tenemos que ser honestos acerca de este proceso poco saludable. Esta forma de pensamiento enfocada en el programa es repulsiva para los jóvenes quienes están hambrientos por autenticidad y honestidad. Cuando ellos sospechan de una agenda—y son muy perceptivos acerca de esto—ellos verifican. Por eso es que Leif llegó a estar muy cerca de dejar nuestra iglesia. El sintió que estaba siendo usado para otros propósitos. No es que no le haya agradado a las personas sino que en mayor parte él tenía razón. Si nosotros vamos a ser efectivos en el ministerio con los jóvenes entonces tenemos que juzgar la efectividad por el nivel de madurez cuando tenemos que desarrollar a los jóvenes, no en el número de personas en el lugar.

Permíteme aclarar: no creo que los programas sean malos—queremos que nuestro ministerio sea significativo y bien pensado, y por supuesto queremos alcanzar tantas personas como sea posible con nuestro ministerio. Tampoco hay razón para reinventar la rueda, especialmente cuando no tenemos ni idea de lo que estamos haciendo. Si un ministerio con jóvenes de edades universitarias está haciendo algo que parece realmente conectarse con las personas, entonces obviamente otro ministerio no debería ignorarlo si creen que puede ser significativo en su grupo también. Creo que Dios nos llama a ayudarnos los unos a los otros en el ministerio (¡de otra forma yo no hubiese escrito este libro!).

Sin embargo, necesitamos poner atención a nuestras motivaciones, continuamente preguntándonos dónde está nuestro corazón. Si estás ofreciendo tu tiempo en el ministerio hasta que un trabajo pastoral "real" aparezca, necesitas repensar tus motivaciones. Si estás buscando alabanza de tu supervisor u ofertas de libros de los publicadores, quienes quieren conocer más acerca de tus grandiosas ideas, necesitas repensar tus motivaciones. Si tu máxima prioridad no es guiar a los jóvenes a través de lo que podría ser su mayor etapa de desafío en sus vidas, necesitas repensar tus motivaciones. Los jóvenes de edades universitarias—quizá más que cualquier otro grupo—necesitan que inviertas en ellos. Muy simplemente, ese compromiso personal es como se ve el ministerio con este grupo.

PRINCIPIO # 2: NO DEJES QUE LA ESTRUCTURA SE INTERPONGA EN EL CAMINO DE LAS RELACIONES

Aun los ministerios orientados a las personas pueden fracasar si son sobre estructurados. Si has salido de un trasfondo de ministerio juvenil entonces probablemente aprendiste que a más estructura mayor efectividad. Pero mientras los jóvenes mayores necesitan estructuras, realmente quieren relaciones. Y a menudo, la estructura se interpone en el camino de las relaciones.

Una de las formas en las que tendemos a ser sobre estructurados es cuando constantemente creamos eventos. Ministerios efectivos—para jóvenes de edades universitarias—no son centrados en los eventos. Nuestra tendencia es agrupar eventos para ayudar a las personas a conocerse. Este acercamiento puede funcionar por un tiempo pero me he encontrado que los jóvenes prefieren cultivar las relaciones de manera diaria más que en un evento trimestral o cuatrimestral. Estos ministerios funcionan mejor no cuando tienen eventos con el propósito de construir relaciones sino de cultivar relaciones que crean eventos.

He aprendido que el gran empuje tradicional por un elemento ministerial nuevo —grupos pequeños, por ejemplo— tendrán una buena respuesta. Pero con el tiempo el entusiasmo va decayendo. La razón es que fue promovido como un evento relacional, ellos tendrían que conocer a otros y crecer cerca de Dios. Esta conexión es lo que ellos quieren, así que inténtalo. Pero luego que ellos se integran, y no se conectan con el líder o con otros en el grupo, lo dejan. El grupo ha llegado a ser un poco más que una obligación, y no necesitan más presión para estar en lugares donde no quieren estar. Lo que inició como un deseo relacional y creció en la fe, se convirtió en una rutina religiosa.

En lugar de eso, he encontrado más efectivo ofrecer oportunidades muy informales de conexión —comidas comunales, conversaciones informales en una cafetería, noches de película, sesiones de estudio— lo que provea suficiente estructura para que la gente se reúna sin interponer en el camino de formar relaciones naturalmente.

PRINCIPIO # 3: ESTAR PREPARADO PARA MANEJAR MAYORES DISCUSIONES TEOLÓGICAS

Los jóvenes de edades universitarias están a menudo interesados en cuestiones teológicas más complejas. Mientras algunos son muy simplistas en su entendimiento y acercamiento a la fe, muchos están ansiosos por bucear en lo más profundo de los debates teológicos que han existido por siglos, usualmente con la creencia de que ellos serán los que encuentren la respuesta. Aunque este proceso puede ser saludable y necesario para muchos jóvenes, puede guiar a otros hacia aguas espiritualmente peligrosas. Guiar un ministerio de jóvenes mayores demanda discernimiento en los líderes para determinar si nuestros estudiantes se están moviendo a través de este proceso en una manera saludable, una persona a la vez.

He tenido jóvenes que me han preguntado desde "¿Qué significa ser cristiano?" hasta "¿Cómo se si soy dispensasionalista o de pacto?". El espectro es increíblemente diverso cuando se trata de jóvenes mayores y su conocimiento de la Biblia y la teología. Los líderes necesitan estar preparados para responder al espectro entero.

No tienes que tener todas las respuestas. De hecho, los

mejores líderes tienen la humildad de admitir cuando algunas cosas están fuera de sus manos. A menudo, nuestro no puede crear una oportunidad mayor para nuestro ministerio que tener una respuesta. Cuando no sabemos podemos emplear tiempo encontrando respuestas en conjunto con las personas que han preguntado. No solamente podemos modelar una exploración teológica saludable, sino también tener el chance de aprender de las personas en sí mismas: cómo piensan y procesan, y dónde están en su entendimiento de la fe.

Si estás empezando en el ministerio con jóvenes de edades universitarias o has estado ahí por algunos años, asegúrate de estar buscando entendimiento teológico tú mismo. Lee, habla con otros cristianos y aprende las cuestiones y los debates históricos, y dónde estás respecto a ellos. No solamente te ayudará a dirigir las preguntas de tus jóvenes sino también te ayudará a que tu fe crezca también.

PRINCIPIO # 4: APRENDER A ACONSEJAR A PERSONAS EN DOLOR

Todos podemos apuntar tiempos de dolor extremo en nuestras vidas cuando aprendimos lecciones significativas. Mientras deseamos haber evitado algunas de ellas, por otras no hubiésemos cambiado el mundo. Los jóvenes están llenos de estos momentos. Todas las cuestiones que discutimos en la sección previa de este libro —identidad, intimidad, propósito, placer, verdad— crea un gran asunto de dolor interno y confusión. Como líderes, tendremos más conversaciones acerca de estas cuestiones de lo que podríamos imaginar y necesitamos estar listos para ofrecer compasión, entendimiento, empatía y oración junto con nuestra guía.

Recuerdo sentarme con Gabe por primera vez. Estaba tan absorbido en su búsqueda de identidad que muy difícilmente podía figurarse lo que quería en la vida. De hecho, sus pensamientos eran tan sobre acogedores que ni siquiera podía decir lo que eran. Él enfrentaba tanta presión de su familia, tenciones relacionales con sus amigos, cuestiones financieras con su educación. Para sumarle a todas estas cuestiones externas estresantes, él estaba tratando de examinar sus propias motivaciones y determinar lo que pensaba que debería hacer con su vida. Estaba en un punto de total frustración. Esta confusión es la norma para los jóvenes y ni si quiera hay que preguntarse si agradecerán nuestra ayuda.

Durante los años universitarios, los jóvenes empiezan a verse de forma más introspectiva. Ellos realmente están tomando acciones de quiénes son, y conforme lo hacen, se confrontan con partes de sí mismos que no les gustan. Empiezan a pensar no solamente en cómo se sienten sino también acerca de por qué se sienten de esa manera. Y esa auto examinación puede traer cuestiones dolorosas. Ellos pueden empezar a repensar un incidente con un padre o familiar que les causó gran dolor y encontrarse ellos mismos batallando con la riña emocional de ese incidente. Se podrían dar cuenta del dolor que le causaron a otros mientras crecían y luchaban con lo que significaba ser responsables por esas acciones. Podrían sacar traumas pasados o temores de los que ellos nunca antes han hablado. No se puede decir lo que los jóvenes pueden descubrir cuando ellos piensan en sí mismos de forma profunda y abstractas.

Los líderes deberían poder escuchar esas historias sin decir mucho. Los jóvenes necesitan pensar en estas situaciones, no chapotear en una montaña de consejos y respuestas. Verbalizar sus pensamientos a una persona digna de confianza es quizá la mejor manera para ellos de procesar lo que piensan y sienten. Nosotros impedimos el desarrollo de ese proceso cuando les decimos qué es lo correcto y qué no lo es en lo que ellos sienten. Un líder efectivo hace preguntas que le ayudan a los jóvenes a pensar en sus asuntos desde una perspectiva bíblica.

Naturalmente, si te sientes que algo está fuera de tu alcance, pide ayuda. No hay nada de vergonzoso en no saber cómo ayudar a alguien que está en una crisis genuina. Si un joven se te acerca con una historia que te es demasiado para manejarla, ponla en contacto con un consejero cristiano o con una persona en tu iglesia quien, a través de experiencia personal, pueda darle una ayuda más significativa.

PRINCIPIO # 5: SER HONESTO, AUN CUANDO DUELE

Hay algo que los jóvenes aprecian, y es la honestidad y lo que no está maquillado. Cuando ellos saben que los amamos, tienen un gran respeto por nosotros cuando les decimos una verdad dura con gracia y entendimiento. Ellos quieren saber qué estamos pensando, y ellos saben instintivamente cuando no estamos siendo directos con ellos. Esta franqueza es una parte importante de nuestro trabajo en ayudarles a madurar. Si alguien es visto en su egoísmo y orgullo, entonces ese joven necesita personas en que pueda confiar que le digan lo que ellos ven. Si un joven se contradice en sus creencias (lo cual sucede con frecuencia en la adolescencia tardía), entonces él necesita alguien que se lo haga ver. Obviamente, estas conversaciones pueden tomar lugar solo después de que has desarrollado una relación con el joven. Pero estas cuestiones, aunque revestidas de azúcar, algunas veces parecen falsas, aunque una relación haya sido establecida.

Me he sorprendido por cuán a menudo los jóvenes que han estado en nuestro ministerio regresan y me dicen que fue la conversación más difícil que tuve con ellos lo que hizo el impacto más grande. No fueron los mensajes que di desde el estrado (¡aunque me encantaría que alguna vez digan eso!); fueron las conversaciones que tuvimos con una taza de café o durante caminatas largas las que destacan para ellos. Me dicen que esas ocasiones fueron en las que se sintieron cuidados.

Podemos escribir sermones grandiosos. Podemos planear eventos fantásticos. Podemos hacer programas llanos. Pero si no estamos dispuestos a caminar a través de las conversaciones difíciles que ayudan a nuestros jóvenes a crecer, entonces estamos fracasando en el ministerio.

PRINCIPIO # 6: TRABAJAR CON ADULTOS MAYORES

Nuestro primer objetivo con los jóvenes de edades universitarias es crear un puente en el espacio entre los años de juventud y los años de ministerio "adulto". Así que parte de nuestro trabajo como líderes es crear un proceso de asimilación que ayude a los jóvenes a invertir tiempo en la vida de la iglesia. Encuentro esa integración sucediendo más naturalmente cuando construimos relaciones entre los jóvenes y los adultos.

Esas relaciones, sin embargo, no sucederán por sí mismas. Los líderes necesitan crear oportunidades para que los adultos se conecten con los jóvenes. Reúnete personalmente con los adultos y pídeles que sirvan como mentores para los jóvenes. Como líderes, necesitamos ser los que inician estas relaciones y conforme más fuerte sea tu relación en la comunidad, mayor serán los jóvenes que quieran reproducir esas relaciones en sus vidas. El beneficio agregado es que puedes descubrir intereses o experiencias comunes entre los jóvenes y los adultos. Si sabes que a Bob el abogado le encanta leer filosofía, preséntaselo a Mike, el filósofo mayor. Sé el constructor de puentes entre las generaciones y así ayudarás a los jóvenes a fluir en la comunidad de la iglesia con mucho menos esfuerzo.

PRINCIPIO # 7: ENTENDER Y TRABAJAR CON LA ESTRUCTURA DE LA IGLESIA

Entender cómo funciona el ministerio con los jóvenes de edades universitarias dentro de lo amplio de la iglesia es crucial para la efectividad del ministerio. Ese conocimiento implica entender qué tipo de visión general guía la iglesia. Por ejemplo, si tienes una mente misionera pero tu iglesia lo ve como un acercamiento local a la comunidad, entonces te vas a encontrar constantemente corriendo hacia barricadas ideológicas, sin mencionar las financieras. Si quieres que el personal y la congregación apoyen tu ministerio, entonces necesitas estar en sintonía con lo que ha acercado a esas personas a esta comunidad.

Este entendimiento es también un aspecto crucial del proceso de asimilación que mencioné antes. Tú quieres guiar a tus jóvenes hacia una vida en la iglesia. Esa dirección no solo significa asegurarse de que ellos estén confortables en un servicio sino asegurarse que ellos también entienden la función general de una comunidad cristiana. En este punto, ellos limitarán su apoyo en el ministerio. Pero la esperanza es que ellos se verán como parte vital de un cuerpo más grande y buscarán formas de usar sus dones en la vida de la iglesia. Si ellos han estado aislados de la visión general de la iglesia, están ahí por un rudo despertar cuando ellos salgan del ministerio juvenil.

Un ministerio de jóvenes de edades universitarias efectivo depende de un líder efectivo. Estos siete principios de liderazgo te ayudarán a evitar los peligros comunes del liderazgo; y créeme, tú quieres evitarlos a toda costa. Pero ellos no son la única guía que nosotros necesitamos como líderes. No solo necesitamos desarrollar ministerios sólidos; necesitamos desarrollarnos a nosotros mismos también.

¿QUÉ HACE A UN LÍDER?

Hay más para el liderazgo que simplemente hacer las cosas correctas. Es esencial para los líderes de ministerios juveniles modelar el carácter que esperamos que nuestros jóvenes desarrollen. Esa necesidad podría parecer obvia pero muy a menudo me asombro de la falta de liderazgo que veo en los ministros jóvenes. Creo que muchos de ellos subestiman el nivel de madurez necesario para pastorear a los jóvenes. Ahora tú sabes que el ministerio con jóvenes de edades universitarias no es una extensión del ministerio con los adolescentes. Pero muchos líderes lo ven de esa manera. Ellos creen que solo tienen que proveer algunas actividades divertidas, juntar algunos eventos y ayudar a los jóvenes a gastar su tiempo hasta que ellos se puedan integrar en actividades "reales" de la iglesia.

Pero los jóvenes de edades universitarias necesitan y anhelan mucho más. Y ellos no pueden encontrar algo más profundo a menos que nos comprometamos a tomar nuestro rol de liderazgo seriamente. Ser efectivo significa desarrollar el verdadero carácter de un líder. Podemos definir ese carácter en múltiples maneras pero creo que cada líder necesita seis características en particular para ser efectivo:

1. Ser un buscador de disciplina. No podemos ayudar a otros a abrazar este concepto a menos que nosotros lo hagamos primero. Si esperamos que los jóvenes sean disciplinados en sus vidas, entonces necesitamos estar igual. No nos autodisciplinamos para buscar ser un buen modelo sino por la búsqueda de un buen pastoreo. Necesitamos saber cómo manejar nuestro tiempo, cómo balancear nuestras vidas para tener la energía y el tiempo para nuestro ministerio. Necesitamos emplear tiempo en la oración y el estudio para mantener nuestra propia fe viva. Necesitamos

buscar compañerismo para ser nutridos en una comunidad. No tenemos que ser perfectos. De hecho, entender dónde somos débiles, conocer cuáles son nuestras luchas, y buscar la ayuda que necesitamos es también una forma de disciplinarnos.

Los jóvenes a menudo me preguntan a mí, y a nuestros voluntarios adultos, cómo manejamos nuestro día, nuestro tiempo, nuestras responsabilidades... aun cómo presupuestamos nuestro dinero. Si no hemos estado desarrollando esas respuestas, no podremos ser de mucha ayuda para ellos.

2. Ganar perspectiva en la búsqueda de placer. Así como los jóvenes nos buscan para mostrarles cómo es una vida disciplinada, también nos ven para mirar lo que significa disfrutar la vida que Dios nos dio. Yo aprecio lo que el rey Salomón dice acerca del placer en el libro de Eclesiastés. Él habla de balancear el placer temporal e inmediato con una perspectiva eterna. Él dice que disfrutemos la vida y sigamos nuestros corazones, pero que recordemos que todas estas búsquedas serán un día traídas delante de Dios (Eclesiastés 11:9). Él concluye su escritura proclamando que la razón de estar vivo es honrar a Dios y guardar sus mandamientos (Eclesiastés 12:13-14). No hay nada malo con disfrutar la vida—Dios quiere eso para nosotros pero disfrutamos la vida buscando a Dios, no nuestro deseos egoístas.

3. Darse cuenta de la necesidad de Cristo. Espero que todo el que lea este libro sepa que todos necesitamos a Cristo. Pero encuentro que es muy fácil olvidarnos acerca del rol que juega Cristo en nuestro ministerio. El ministerio con los jóvenes puede estar lleno de ego. Es grandioso tener una conversación profunda con alguien y sentir que realmente has ayudado a esa persona a pasar un momento difícil. Pero necesitamos siempre recordar que aparte de Cristo simplemente no tenemos la habilidad para cambiar a nadie; especialmente con respecto a la fe, la esperanza y el amor.

Somos las herramientas que Dios usa y no podemos quedar atrapados en nuestro desempeño. Podemos ayudar a los jóvenes a pensar en cuestiones desde una perspectiva bíblica, empujarlos hacia la Escritura por guía, y modelo divino en nuestras vidas, pero Dios será quien los cambie. No solamente este es el caso, sino que mantener eso en tu mente te ayudará a evitar la frustración que es a menudo parte de discipular jóvenes, especialmente esos que parece que nunca entienden el punto. No puedes forzar a otros a abrazar los conceptos que estás tratando de inculcar en ellos, pero puedes modelarlos y confiar en que Dios está trabajando en sus corazones también.

4. Amarlos verdaderamente. Esta oración puede parecer muy obvia pero es muy fácil olvidar cómo es el amar. Primera de Corintios 13 enlista las características de amar y la primera es paciencia. Muy a menudo los jóvenes viven con frustraciones intensas hacia los miembros del grupo. Esa falta de paciencia puede guiar a otros tipos de actitudes "desamorada" como la rudeza y una arrogancia que insiste en su propia forma. El amor habla la verdad y no se goza de la injusticia. El amor no se irrita ni se resiente cuando la gente no sigue las instrucciones. El amor nunca falla de estar ahí cuando se necesita. El amor bíblico es la parte más importante del discipulado en la vida de un joven. Y si no hay amor por un joven entonces nunca serás capaz de soportar los años que toma el discipulado.

5. Revelar el placer de la fidelidad. La verdad es que hay más placer en dar que en recibir (Hechos 20:34). Como nuestros jóvenes están buscando placer, nosotros podemos mostrarles cómo encontramos placer y bendición a través del servicio. Diles cómo te sientes cuando ayudas a alguien. Habla de viajes misioneros o trabajos de servicio que has hecho y lo que esas experiencias han significado para ti. Luego, provee oportunidades para que ellos sirvan: viajes misioneros, alcance comunitario, trabajar en la guardería de la iglesia o visitar a los adultos mayores. Apoya sus ideas de oportunidades de servicio y ayúdalos a procesar lo que experimentan.

6. Mostrar consistencia. La adolescencia tardía tiene todo que ver con la inconsistencia, así que tenemos que ser doblemente consistentes. Tenemos que llegar a tiempo (o temprano) para las reuniones con los jóvenes. Necesitamos cumplir los compromisos que hacemos con ellos. Tenemos que modelar una consistencia como un adulto porque estos gestos aparentemente insignificantes a menudo tienen el más grande impacto. Cuando somos consistentes en nuestra vida, ellos lo notarán y ellos estarán más agradecidos de lo que puedan decirlo.

Guiar un ministerio de jóvenes de edades universitarias no tiene que ser como caminar ciegamente. Cuando estamos comprometidos a construir un ministerio efectivo que llega a las necesidades de los jóvenes, tendremos prosperidad. No siempre será fácil y estoy seguro que corres con obstáculos que yo nunca he enfrentado. Pero espero que este capítulo te ayude a evitar algunas luchas en el camino. El punto final es que los jóvenes necesitan personas teológicamente sólidas, cuidadoras, humildes y relacionales que estén dispuestas a caminar a su lado mientas maduran. Si tú eres esa persona, entonces realmente no fracasarás.

CAPÍTULO 9

LA ENSEÑANZA Y EL DISCIPULADO

Yo amo viajar, y en años recientes he tenido el privilegio de visitar numerosos lugares los cuales jamás soñé que vería. Amo conocer a las personas, probar la comida y experimentar otras formas de pensar acerca de la vida. No importa a dónde vaya, siempre descubro alguna peculiaridad cultural extraña que me recuerda cómo mucho de lo que hacemos, pensamos y creemos proviene de la cultura en la que vivimos. Pero una experiencia fue más sorprendente que todas las demás.

Hace unos años, yo estaba en Papua en Nueva Guinea, hablando en el campo para niños misioneros. PNG es un país pequeño al lado de la costa de Australia. Es un país donde existen numerosas tribus y en el que se hablan más de 800 lenguajes. Cuando la sesión en el campo había terminado, tuve la oportunidad de visitar una de las villas tribales con un misionero. Íbamos caminando por un sendero cuando el misionero me preguntó si tenía una cámara. Yo le contesté que sí tenía una y él me pidió que le tomara una foto a una mujer que estaba más adelante. Yo acepté y caminé hacia la pequeña y vieja mujer. Le enseñé mi cámara y le pregunté si podía tomarle una fotografía. Ella asintió con la cabeza, se puso de pie firme, sonrió y esperó para que yo le tomara la fotografía. Yo tomé la foto y ella inmediatamente se inclinó sobre mí para ver la pantalla en la parte de atrás de mi cámara. Yo estaba un poco sorprendido de que supiera que la cámara tenía una pantalla, pero ella obviamente había hecho esto antes. Miró la fotografía, después me miró con una enorme sonrisa. Estaba muy emocionada.

No es una exageración decir que lo que pasó después es la cosa más extraña que he experimentado. Mirándome con una sonrisa de oreja a oreja, la mujer extendió su mano derecha y brevemente me agarró de la entrepierna.

Yo estaba completamente sorprendido. Aturdido. Confundido. Horrorizado. ¿Qué había pasado?

Sin saber qué hacer o cómo responder, miré al misionero buscando ayuda. Pero no fue de ayuda alguna porque él estaba agachado riéndose histéricamente. Cuando se puso de pie, las lágrimas bajaban por sus mejillas, casi no podía hablar, pues se estaba riendo mucho. Fue en ese momento que me di cuenta de que me habían puesto una trampa.

Cuando finalmente recuperó el aliento, el misionero me explicó que él había arreglado que tropezáramos con esa mujer para ilustrar lo importante que es entender las diferencias culturales. Yo entendí el punto, solo que deseaba no haberlo entendido de esa forma.

Resultó ser que en la tribu a la que esa mujer pertenece, esa acción es la forma en que la mujer le agradece a un hombre cuando él hace algo bueno por ella y se considera descortés no hacerlo. Yo le pregunté al misionero por qué este gesto (de todas las formas posibles en las que se puede decir gracias) era el que ellos habían escogido. Él respondió: "No lo sé, es solo la forma en que ellos siempre lo han hecho".

Cada tribu tiene sus normas culturales. Cuando yo era un niño mi mamá me dijo que era descortés poner los codos en la mesa cuando comía. Yo le pregunté por qué y ella contestó: "no lo sé, solo lo es". Cuando nosotros crecemos con estas normas, rara vez las cuestionamos. La "tribu" Cristiana no es diferente. Como cualquier otra cultura, el cristianismo tiene sus normas, expectativas y supuestos acerca de cómo pensar y vivir como personas de Dios. Aquellos que crecen en una iglesia rara vez cuestionan estas normas, hasta que llegan a la edad universitaria. Entonces, en medio de la búsqueda de identidad y significado, todo puede ser cuestionable.

Si nosotros sólo habláramos de asuntos como por ejemplo: ¿por qué nos sentamos en bancas? o ¿por qué nos vestimos bien para ir a la iglesia? Yo no estaría gastando un capítulo entero hablando de cómo los líderes necesitan lidiar con estas preguntas. Pero los asuntos acerca de los que los jóvenes quieren saber son por mucho más complicados. Algunas son preguntas esenciales de la fe; ¿cómo sé que esto es real?, ¿y qué si Jesús fuera sólo un hombre?, ¿por qué debería escoger el cristianismo por sobre otras religiones que parecen más interesantes?

Casi todos los jóvenes llegan a este punto donde empiezan a cuestionar la fe en la que fueron criados. Nosotros podemos responder estas preguntas con las mismas respuestas que funcionaban cuando ellos tenían 12 años, o podemos reconocer que los jóvenes están listos para una nueva forma de pensar y de aprender. Si escogemos esta última, entonces debemos estar preparados para una nueva forma de enseñanza.

LA DEBILIDAD DE LA ENSEÑANZA LINEAL

Cuando estamos creciendo el mundo es muy blanco y negro. Existe lo bueno y lo malo. Hay buenos y hay desobedientes. Nosotros pensamos de esta forma porque nuestro cerebro procesa la información de forma lineal: A+B = C. Pero al final de la adolescencia, el cerebro puede procesar información en formas no lineales y abstractas, puede reconocer que a veces A+B=Q.

No solo hay espacio para la ambigüedad, el cerebro que está madurando espera que haya un poco de ambigüedad también. En otras palabras, los jóvenes son capaces de manejar conceptos abstractos y no se satisfacen con respuestas simplificadas a lo que ellos creen que son preguntas complejas. Estas son buenas noticias, porque quiere decir que ellos están listos y ansiosos de profundizar en su fe de formas que no podían antes.

También significa que nosotros necesitamos entender por qué el pensamiento lineal limita el crecimiento espiritual de los jóvenes. Y quiero ser cuidadoso aquí porque sé que este tipo de conversación puede asustar a algunas personas. Puede sonar como si yo estuviera sugiriendo que evitemos hablar sobre la verdad o la sana doctrina. No estoy sugiriendo esto, lo que sugiero es que pensemos en cómo nosotros articulamos la verdad y si honramos el proceso a través del cual los jóvenes deben pasar para descubrir la verdad por ellos mismos. Cuando nosotros decimos que Dios es esto o aquello pero solo podemos fundamentar nuestras declaraciones diciendo: "Eso es lo que la Biblia dice", entonces estamos siendo teológicamente perezosos. Una declaración puede ser verdad, pero eso no quiere decir que es útil. En algún punto, un joven cuestionará esta lógica lineal, y si no estamos preparados para comprometernos con sus preguntas, los perderemos.

Nuestro enfoque tradicional de la formación espiritual no está formando gente tanto como la está adoctrinando. La articulación simple de las conclusiones a las que hemos llegado no preparará a las personas en edad universitaria para los retos intelectuales que enfrentarán como cristianos adultos.

Permítanme explicarlo de otra forma. La gente joven que fue criada con un solo punto de vista en cuestiones de identidad, el significado y la vida finalmente se dan cuenta de que ese punto de vista no es la única forma de pensar; que la respuesta puede no ser tan simple como la iglesia la ha hecho parecer. Ellos se empiezan a preguntar por qué nadie les dijo acerca de estos otros puntos de vista, y ellos cuestionan todas las conclusiones que se les han enseñado, preguntándose si la iglesia les está ocultando algo.

Fomentar la fe de los jóvenes demanda que nosotros los líderes nos olvidemos de ofrecer respuestas simples a las preguntas difíciles. Para la mayoría de nosotros, ese cambio puede significar cambiar los modelos educacionales de formación espiritual que las iglesias han estado usando por décadas y remplazarlos con un modelo diferente y más relacional del discipulado.

DESPRENDIÉNDOSE DEL MODELO EDUCACIONAL

Cuando usted piensa en Francia, probablemente no lo considere como un lugar en el que podría aprender mucho sobre formación espiritual. Pero los franceses tienen un interesante enfoque educativo, el cual creo que habla de la forma en que debemos disciplinar a nuestros jóvenes.

Los franceses valoran la lógica y la razón humana por sobre todo lo demás. Las dos profesiones que se tienen en más alta estima en la cultura francesa son la ingeniería y la filosofía, porque los que las practican son vistos como pensadores críticos, y el pensamiento crítico es altamente valorado; el proceso de pensamiento es mucho más importante que la conclusión. Si usted estuviera sentado en un servicio religioso en una iglesia de Francia, entonces notaría de inmediato que hay un estilo de educación diferente. El pastor se mantendría firme en la verdad de un pasaje de la Biblia, aunque su mensaje probablemente se concentre más en el proceso de llegar a una conclusión que en lo que la conclusión pueda ser. En este método, él reta a su congregación a que determinen por ellos mismos cómo deben entender el pasaje. Lo más probable es que nunca ofrezca una aplicación práctica del mensaje.

En muchas iglesias protestantes de Estados Unidos pasa exactamente lo opuesto. Nosotros esperamos que el pastor elimine todas las opciones durante la preparación del sermón, de esta forma el sermón es la última palabra en el tema. Entonces, como tendemos a estar orientados a los resultados, queremos que el pastor diga qué hacer con lo que hemos aprendido, nosotros queremos aplicación. Para la mente norteamericana este enfoque tiene más sentido.

Para los franceses el punto del sermón va mucho más profundo, a un cambio en el comportamiento. Para los jóvenes, el enfoque típico norteamericano de repensar una conclusión hasta que sea completamente digerible es triste y simplista. No provoca el pensamiento ni el compromiso, solamente crea una expectativa de que ser cristiano significa hacer las cosas correctas. Y ese resultado no es el que queremos para nuestros jóvenes. En lugar de esto queremos que sean apasionados por pensar correctamente, preguntar y buscar las respuestas por ellos mismos.

Para que lleguen a ese punto, nuestro enfoque de discipulado necesita enfocarse en tres cambios significativos en la forma que pensamos y hablamos acerca de la fe. Si hacemos de estas características sellos de nuestra enseñanza, entonces nuestros ministerios de jóvenes prosperarán. Enviarán así a hombres y mujeres llenos de fe y pensantes a la vida de la iglesia. Cuando esta asimilación ocurre, todos ganan.

DE ENSEÑAR LA LEY A ENSEÑAR LA FE

Cuando comencé en un ministerio de jóvenes, noté que la falta de compromiso que muchos jóvenes sentían no era debido a la gente o al trabajo de la iglesia, sino más bien a la fe misma. Simplemente ya no tenía sentido para ellos, entonces quise encontrar por qué ya no se estaban comprometiendo. ¿Qué están aprendiendo de niños que pierde significado para ellos cuando son jóvenes? Decidí asistir a unas cuantas clases de escuela dominical para averiguarlo.

Por 6 meses me senté en una pequeña silla plástica y miré cómo eran las clases que estaban enseñando los líderes, y cómo respondían los niños a la enseñanza. Me sorprendí gratamente ver a los niños respondiendo con sonrisas, risas y disfrutando en general. También estaba emocionado debido a los voluntarios y a lo comprometidos que eran con esos niños que claramente los amaban. Vi algo más que no fue tan placentero, los profesores estaban constantemente enfocados en la ley y no en la fe.

Las clases se enfatizaban en el comportamiento por sobre todo lo demás. Pero no me mal entiendan, estos profesores estaban enseñando acerca de Dios, y el énfasis en el comportamiento ciertamente no era un esfuerzo para esconder nada de esos niños. Pero la idea principal de las clases (y estoy hablando de los niños de preescolar hasta los de colegio) era el manejo del comportamiento.

Una aplicación de las lecciones consistía en variaciones de las mismas 5 cosas: lee tu biblia, reza, ve a la iglesia, invita a tus amigos a la iglesia y obedece a tus padres. En la escuela secundaria y la preparatoria, los líderes agregan unas cuantas más: compartir tu fe, servir, no tener sexo ni consumir drogas. Cuando le pregunté a algunos niños qué estaban aprendiendo acerca de ser cristiano, y casi todos ellos lo definieron como "hacer y no hacer" estas cosas. El cristianismo simplemente significaba seguir la ley.

También conversé con los profesores. La diferencia entre lo que ellos creían que estaban enseñando y lo que los niños realmente estaban aprendiendo era clara. Ellos enseñaban conceptos abstractos acerca de Dios (personalidad, carácter, entre otros) y después usaban sugerencias prácticas para mostrarles a los niños cómo esos conceptos deberían aplicarse a sus vidas.

Pero los niños no podían ver la conexión ¿por qué? Porque eso es el pensamiento abstracto y los niños no piensan de esa forma. En lugar de esto ellos solo escuchan una lista de lo que deben y no deben hacer.

Cuando esos mismos niños llegan a la adolescencia, ellos quieren más que una lista de comportamientos. Ellos quieren razones para seguir las leyes. Ellos quieren saber por qué es importante. Ellos quieren saber por qué algunos de sus amigos que han hecho todo "bien" siguen sufriendo. O saber por qué sus cabezas siguen llenas de leyes, pero no tienen una relación real con Dios. Si nosotros los dejamos en este lugar de confusión y dudas ellos se desconectarán de la iglesia y buscarán las respuestas en algún otro lugar.

He visto incontables cantidades de jóvenes que llegan al punto donde ellos encuentran que los "límites" que se les enseñaron en la iglesia no tienen nada que ver con Dios. Ellos sienten cómo los adultos en la iglesia los juzgan frecuentemente por lo que ellos hacen, no por lo que ellos son. Y este sentido crea confusión y el sentimiento de que la iglesia es hipócrita, (no existe amor incondicional para todos, solo si ellos obedecen todas las reglas). Con esto no quiero decir que las reglas que aprendieron de niños no son buenas y saludables. Pero debemos ser muy cuidadosos con el mensaje que les estamos enviando, aclarar que como nosotros vivimos es un reflejo de lo que está pasando dentro de nosotros. Nosotros tenemos que enfatizar que estamos interesados en el crecimiento interno. Necesitamos reforzar la idea de que Dios quiere que tengamos vidas plena, y los límites pueden ayudarnos a alcanzar esa plenitud.

Los jóvenes necesitan que nosotros remplacemos lo que ellos han oído acerca de la fe legalista, con una nueva fe, el tipo de fe al que Jesús dio inicio. Esta nueva alianza no era acerca de las reglas.

Era acerca de lo contrario. En Colosenses 2: 20-23 Pablo escribe:

> "Si con Cristo ustedes ya han muerto a los principios de este mundo, ¿por qué, como si todavía pertenecieran al mundo, se someten a preceptos tales como: (No tomes en tus manos, no pruebes, no toques)? Estos preceptos, basados en reglas y enseñanzas humanas, se refieren a cosas que van a desaparecer con el uso. Tienen sin duda apariencia de sabiduría, con su afectada piedad, falsa humildad y severo trato del cuerpo, pero de nada sirven frente a los apetitos de la naturaleza pecaminosa".

Mientras nosotros queremos que nuestros jóvenes vivan vidas piadosas y disciplinadas; queremos que lo hagan fuera de su sentido de lo que son en Dios, su sentido de significado y propósito, y su deseo de vivir la vida que Dios tiene para ellos. Los jóvenes están ansiosos de saber los aspectos profundos de la fe. Entonces necesitamos alejarnos de hablar sólo de asuntos de comportamiento y avanzar hacia asuntos abstractos en la Escritura. Por ejemplo en Efesios 1:1-14 Pablo escribe sobre quiénes somos espiritualmente (pensamientos abstractos), en lugar de decirle a los jóvenes cuál identidad espiritual le parece desde una perspectiva del comportamiento. Ayúdelos a pensar a través de las implicaciones de ser las personas que Pablo dice que somos. Haga preguntas, hágalos pensar y no se preocupe si no llegan a una conclusión concreta. El punto es el compromiso, no las respuestas.

DE SABER HECHOS A ENTENDER LA VERDAD

James era un chico en mi ministerio. Él era un gran chico y muy querido por todos. Un día estábamos tomando un café y él me dijo directamente que estaba aburrido de Dios y de la iglesia. Él no estaba frustrado, solo estaba siendo honesto. Yo le pregunté por qué creía que estaba aburrido, y el solamente respondió: "Estoy harto de ir a la iglesia".

James me explicó que su vida cristiana solo giraba en torno a la iglesia donde se llevaban a cabo sus estudios de la Biblia y otros eventos de la iglesia. Él estaba saturado por la cultura de la iglesia y sabía muchísima información bíblica. Él iba de un estudio de la Biblia a otro, y se cansó, (¿y quién no?). Al mismo tiempo, estaba viviendo su vida por sus propias reglas. No estaba haciendo nada particularmente malo, pero tampoco estaba viviendo una vida cristiana; y como muchos otros jóvenes él estaba siguiendo sus propios deseos, no los de Dios.

Al final de nuestra conversación, lo miré directo a los ojos y le dije: "Tienes razón, tu vida es aburrida. Tu problema es que eres un joven muy inteligente y sabes mucha información, pero no obedeces nada de todo lo que sabes". Yo no siempre soy tan directo con la gente, pero nuestra relación lo justificaba, y él ciertamente necesitaba escuchar lo que dije. Así que seguí: "Me pregunto si sería tan aburrido si empiezas a vivir todo lo que sabes, si eres capaz de decir que sabes las cosas por experiencia en lugar de solo repetir lo que se te ha dicho". Él estaba un poco sorprendido, pero entendió lo que le estaba diciendo. Si él quería que su fe significara algo, tenía que hacer que su fe pasara de su cabeza a su corazón.

Enseñar directamente la información acerca de nuestra fe tuvo su lugar sin dudas. En la iglesia más antigua se escuchaban las enseñanzas de los apóstoles. Cristo les mandó a enseñar todo lo que él les había dicho, y Pablo, Timoteo y Tito enseñaron esa doctrina como pastores. Está claro que para un cristiano es importante saber las bases de lo que significa ser una persona de fe. Pero los jóvenes no están interesados en más información. Ellos no necesitan más hechos para que los ayude a mantenerse en la fe o mantenerse activos en la iglesia.

A los jóvenes generalmente los aburre la iglesia, especialmente cuando son alimentados a la fuerza con información que parece parcial y simplista. Aquellos que han crecido en la iglesia pueden sentir como que ya lo han escuchado todo, (pero obviamente, no lo han hecho) que ya lo han procesado todo, (pero obviamente, no lo han hecho) y que ya están listos para explorar otras situaciones que tienen que ver con asuntos de fe (y obviamente lo están). Si la iglesia no anima este deseo de saber más, y pensar profundamente, entonces les dejaremos pensando que no hay nada más por saber.

Pero los jóvenes saben que ese no es el caso. Inevitablemente encontrarán amigos, compañeros de trabajo o profesores universitarios que han pensado más profundamente acerca de las grandes preguntas de la vida, y entonces ellos se verán apartados de la iglesia, dirigiéndose hacia esos que parecen tener una conversación más estimulante.

Para algunos jóvenes, este proceso de aprendizaje y descubrimiento es fascinante; pero para otros, es aplastante. Su visión del mundo se desmorona en un aula de la universidad y no hay nadie ahí para ayudarles a través de todos los trastornos que causa esa situación.

Como líderes, nosotros debemos iniciar el proceso de llevar a nuestros jóvenes a un lugar donde se requiera más análisis por parte de ellos. No debe ser suficiente para nosotros ayudarlos cuando ellos sienten que todo se desmorona en la universidad. Nosotros debemos ser los primeros en decirles: "Nuestra fe merece pensarse de una forma más profunda, profundicemos juntos". Este discipulado implica ayudar a los jóvenes a aprender a pensar por ellos mismos, retando sus procesos de pensamiento, y ayudándolos a pensar en el mundo a través de una malla bíblica. Los debemos animar a que se comprometan a entender de forma más profunda las simples (y algunas veces no tan simples) verdades de las Escrituras.

DE SUPUESTOS SUPERFICIALES A CONEXIONES MÁS PROFUNDAS

Aquellos de nosotros que hemos sido cristianos por mucho tiempo, olvidamos a veces que debajo de cada verdad a la que nos aferramos, existen como "niveles de creencia". Por ejemplo, yo creo que Jesucristo es Dios y es el único camino al Padre. Pero debajo de la superficie de esta creencia existen muchas otras creencias. Para creer que Jesús es Dios hecho carne, primero necesito asumir que Dios existe. También debo asumir que el Dios del universo es de hecho el mismo Dios del que leo en la Biblia. Necesito creer que lo que la Biblia dice es verdadero y de completa confianza. Debo creer que la traducción específica de la Biblia que yo uso es una exacta articulación de las Escrituras originales; y debo creer que esas Escrituras hablan de hechos reales. Claramente, muchas suposiciones están bajo cada "hecho" que sostenemos es verdad.

Cuando digo que los jóvenes están listos para profundizar más, estoy hablando de estos "niveles de creencia". Ellos no necesitan que nosotros los convenzamos de que Jesús es el hijo de Dios. Ellos necesitan que los acompañemos mientras ellos descubren todas las suposiciones y exploran todos los supuestos detrás de cada creencia.

Esa exploración no es nada mala. De hecho, yo concuerdo con que es algo necesario. Cuando nos enfocamos en conclusiones (la superficie) y después nos movemos directamente a la aplicación (comportamiento), privamos a los jóvenes de todo el proceso de maduración. Como profesores, debemos ser catalizadores para un pensamiento más profundo acerca de los supuestos detrás de las conclusiones. Si nosotros no tenemos este enfoque, estamos asumiendo que los jóvenes tienen las mismas pre suposiciones que nosotros tenemos. Y mientras algunos compartan esas presuposiciones y lo sigan haciendo la mayoría de los jóvenes seguirá revaluando y cuestionando sus supuestos previos. Y me parece que este hecho es muy cierto tanto para los que no han crecido en una iglesia como para los que sí. Entonces podría parecer ridículo y hasta arrogante, negar nuestro proceso de pensamiento y enfocarnos solamente en la aplicación al comportamiento que estaría basada en nuestros supuestos y conclusiones.

No está mal declarar nuestras creencias a esos con los que trabajamos. De hecho, deberíamos hacerlo. No está mal hablar acerca de cómo nuestras creencias se aplican en formas prácticas a nuestra vida. Compartir nuestras experiencias de fe, puede ser de mucha ayuda para los jóvenes. Pero debemos recordar que nosotros llegamos a esas creencias debido a que tomamos nuestro tiempo para pasar cada uno de esos "niveles de creencia" detrás de cada una de ellas. Debemos guiar a nuestros jóvenes para que tengan la misma experiencia.

PREGUNTAS DIFÍCILES Y RESPUESTAS AMBIGUAS

A veces queremos solo respuestas, la aplicación práctica o algo que simplemente nos diga qué hacer. Tomemos como ejemplo el encuentro que Jesús tiene en Mateo 22:34-37. En los tiempos de Jesús los líderes religiosos habían divido el antiguo testamento en 613 leyes separadas. De ellas, 248 eran consideradas positivas y 365 negativas. Como ellos tenían todas esas divisiones y clasificaciones diferentes, ellos asumieron que Jesús tendría un sistema también. Así que haciendo lo que pensaban que era el mandamiento más importante, ellos en realidad se preguntaban: "¿Qué es lo más importante que deberíamos estar haciendo?" Y no era que ellos en realidad quisieran saber. Ellos solo querían saber si Jesús estaba de acuerdo con ellos.

En respuesta, Jesús cita un pasaje de las Escrituras que se encuentra en Deuteronomio 6:4-9 conocido como *Shema* (palabra hebrea para "escuchar"). Los fieles judíos recitaban este pasaje al menos dos veces al día, cada día. Los líderes religiosos copiaron este texto en pequeñas piezas de pergamino, lo pusieron en pequeñas cajas y los vestían llevándolos en sus frentes y brazos izquierdos (en el área de la axila) durante el tiempo de oración. Esta costumbre era parte de su rutina religiosa. En Mateo 23:5 Jesús reprende a las personas que vestían estas cajas con escrituras porque ellos trataban de que estas parecieran "sagradas". Los fariseos también habían puesto estos pasajes en *mezuzahs* (cajas pequeñas) y los colocaban en todos los postes de sus casas, excluyendo el baño y posiblemente la cocina (esos lugares se consideraban insalubres). Está de más decir, que ellos estaban muy familiarizados con el pasaje que Jesús citó.

La respuesta de Jesús en Mateo 22:23: "Ama al señor tu Dios con todo tu corazón, tu alma y tu mente" era una respuesta subversiva en muchos niveles. En esta respuesta, Jesús señala que la ley más importante no es algo que las personas puedan solo hacer. Es una respuesta ambigua para una pregunta concreta. Usted no puede probar que alguien está amando a Dios con todo su corazón, alma y mente. Usted no puede cuantificarlo. No es realmente una expresión práctica de la fe porque no es como cualquier comportamiento.

Pero Jesús también estaba diciendo a los fariseos que ellos perdieron el verdadero punto de este mensaje que colgaron en sus casas, que recitaban y vestían todos los días. Ellos literalmente llevaban el mensaje con ellos como un acto de fe sin llevar este mensaje en sus corazones.

Enseñar a los jóvenes debe ir más allá de la aplicación práctica y las conclusiones simples que se manejan en la rutina religiosa. Ellos saben la diferencia entre el bien y el mal, obediencia y desobediencia.

Ellos necesitan saber por qué es importante. Nosotros tenemos que guiarlos mientras ellos piensan más allá de las acciones y los comportamientos. Si no hacemos esto, perderemos la verdadera esencia del discipulado.

CAPÍTULO 10

LA REUNIÓN

Hola. Mi nombre es Janet, y soy parte de un equipo de liderazgo de jóvenes en Chicago. Soy nueva en esto y estaba buscando recursos y me encontré con su blog. No existe mucho para los ministerios de jóvenes pero estoy feliz de que alguien esté empezando a hacer algo. Nuestra iglesia tiene alrededor de 26 estudiantes universitarios; algunos involucrados de forma activa en el ministerio pero la mayoría están en una transición de un grupo de jóvenes (de estudiantes recién graduados del colegio), y ha sido realmente difícil hacer que el grupo se una a lo que estamos haciendo. De esas 26 personas, tal vez solo 5 se presentan a nuestro estudio de la Biblia. Queremos que esto cambie y estamos abiertos a cualquier idea. Pensé que podrían ayudarnos.

Recibo coreos electrónicos como este casi todos los días. Aunque me lo pregunten en formas diferentes, la mayoría de las personas que me escriben quieren saber la misma cosa. ¿Cómo hacer para que las personas se presenten en las actividades del ministerio? Conforme más y más iglesias reconocen la necesidad de tener algún tipo de ministerio de jóvenes, estas solicitudes me siguen llegando. Me encanta ayudar a los nuevos ministerios que están empezando, pero también sé hay una terrible falta de recursos para los ministerios de jóvenes. Siempre me pone nervioso articular un "programa" basado en lo que nosotros hacemos. Como discutí en el capítulo 8, nosotros los líderes a veces encontramos más fácil recrear algo que Dios ya hizo en algún lugar y a través de alguien más antes de empezar a hacer algo por nosotros mismos. Créanme, si hubiera podido guiarme con algún modelo de ministerio cuando comencé, probablemente lo hubiera hecho. Pero no había nada.

Entonces, pasé mucho tiempo de rodillas, hablando con Dios y pidiéndole ayuda e inspiración. Mis oraciones eran frecuentemente: "Señor, no tengo una idea de lo que estoy haciendo, asi que en verdad necesito que tú hagas algo". Realmente, ahí es donde cualquier ministerio debería comenzar, con una oración. Me di cuenta de que en cualquier momento que me sentí cómodo con lo que estaba haciendo, o si sentía que estábamos teniendo un impulso en el ministerio, disminuía mi dependencia hacia Dios para que me inspirara y me guiara. Dicho esto, haré esta declaración: Compartiré algunas lecciones claves que he aprendido, y que creo que pueden ser beneficiosas para su ministerio, pero no haré una lista de 10 cosas que debería y no debería hacer. Si aún sigue interesado, siga leyendo.

TRABAJANDO SIN UNA RED

Casi todas las personas que he conocido que están pensando iniciar un ministerio de jóvenes tienen la misma idea inicial: iniciar con una reunión semanal de algún tipo. Esa idea suena como un gran inicio, pero yo quisiera animarlos a hacer cualquier cosa menos iniciar con una reunión semanal.

La belleza de un ministerio de jóvenes es que puede, y debe, parecer cualquier cosa, tal vez como ninguna otra cosa en la iglesia. Salir de la mentalidad tradicional de ministerio es el primer paso para ser un ministerio de jóvenes exitoso. A diferencia de otros ministerios, el de jóvenes necesita ser orgánico. ¿Porque? Pues porque así es como se dan las relaciones normalmente, y las relaciones son vitales en nuestro ministerio. Si hacer que su ministerio crezca orgánicamente significa gastar meses solo teniendo conversaciones uno a uno con los jóvenes, entonces hágalo. Si significa explicarle al pastor una y otra vez que usted en verdad está trabajando aunque rara vez está en la oficina, está bien.

Todo el tiempo conozco personas que invitan a los jóvenes a sus casas, invierten tiempo en ellos ayudándolos a que piensen acerca de sus asuntos, y aun así sienten que no están haciendo suficiente. Para ellos no se siente como el verdadero ministerio; ¡y no podrían estar más equivocados! El sentimiento de que ellos podrían estar haciendo más viene de la mentalidad programada que es tan persuasiva en las iglesias. Pero la efectividad de los ministerios de jóvenes no es debido a los grandes programas o los eventos. Es debido a la gente.

Sin importar el tamaño de su programa, iglesia o presupuesto, su ministerio puede prosperar. Usted no necesita un plan probado y verdadero, o un formato desarrollado en una iglesia que no se parece en nada a la suya. En lugar de esto, necesita enfocarse en cuatro áreas que hacen de un ministerio de jóvenes la clase de lugar en la que los jóvenes quieren estar. Y si tiene 5 o 500 jóvenes ellos madurarán como individuos y como cristianos; eso si usted les enseña de una forma en que se comprometa la mente y se desarrolle una comunidad fuerte, con alabanzas efectivas, y una atmósfera basada en las relaciones. Ya hemos hablado de la parte de la enseñanza, así que en este capítulo, los guiaré a través de los otros 3 puntos de las reuniones.

CONSTRUYENDO UNA COMUNIDAD

No es un secreto que a los jóvenes les interesan las conexiones sociales. La pérdida de identidad que viene después de que han salido del colegio les infunde deseos de relacionarse, como nunca antes. Si ellos no encuentran relaciones en un lugar, se irán a otros lugares. Nuestras reuniones necesitan enfatizar las conexiones comunales.

No importa si es un elemento planeado o parte de otros eventos; tiempo extra al final de la reunión, compartir un café o simplemente grupos que traen comida. Es importante proveer oportunidades para que se formen amistades. El enfoque del típico servicio de la iglesia de tener personas que saludan brevemente a otras antes de que estas tomen asiento no funcionará. Los jóvenes necesitan tener tiempo para conversaciones y conexiones.

Al mismo tiempo, los ministerios de jóvenes deben ser más que clubes sociales. Podemos añadir un significado más profundo a las construcción de amistades en dos formas: Primero, ayudándolos a ver que Dios diseñó ese "deseo" que sienten por relacionarse con otros, y segundo: haciendo que la construcción de una comunidad sea una parte fundamental del ministerio. Infundiendo significado espiritual a su ministerio significa ir más allá de tomar un tiempo extra para una conversación al final de la reunión. En lugar de esto haz de las reuniones un acto de devoción. Algunas veces sentimos como que si no oramos, tenemos un estudio de la Biblia o incluimos formalmente algún elemento de la iglesia, no estamos haciendo nada cristiano. Ese razonamiento simplemente no es verdad. En lugar de cantar las canciones de alabanza o dar una charla, cree tiempo para que la gente pase el rato entre sí sin ninguna agenda. Deje en claro que celebrar las relaciones que Dios nos permite tener es también una forma de adoración.

Fomentar relaciones íntimas y profundas en nuestros ministerios tiene tremendos beneficios, sin embargo el deseo de desarrollar relaciones cercanas puede llevar a los jóvenes a excluir a los que recién llegan o aquellos con los que no se llevan bien. Uno de los mayores problemas en los inicios de nuestro ministerio era asegurarse de que las personas estuvieran conscientes de las personas que estaban fuera del núcleo del grupo. Cuando éramos un grupo pequeño, todos parecían abiertos a construir nuevas relaciones. Pero cuando eran 30 personas o más, la dinámica de grupo cambiaba. Habíamos desarrollado una personalidad con la que aquellos que habían estado mucho tiempo se sentían cómodos, pero esa familiaridad hizo difícil para las personas nuevas sentirse bienvenidas.

Durante una de las primeras reuniones del equipo de liderazgo, coloqué a todos de pie formando un círculo, les pedí que pusieran una mano en el hombro de la persona que estaba en cada lado. Mientras nos mirábamos unos a los otros, dije: "¿No es increíble tener un grupo de gente como esta, en la que puedes confiar y con la que puedes vivir tu vida?". Todos estuvieron de acuerdo. Fue un momento bueno, pero no fue un momento saludable. Nos gustó si lo vemos de esta forma: conocer a los otros y sentirse seguros juntos. Pero esa seguridad no es el propósito de nuestro ministerio. Así que le pedí a todos que bajaran sus manos de nuevo y se dieran vuelta para que todos miraran fuera del círculo, y les pedí que pusieran de nuevo sus manos en los hombros de las personas que estaban junto a ellos.

Mi punto es que podemos estar siempre cerca, seguir teniendo una comunidad, y aun podemos alcanzar a los que nos rodean. Nuestro grupo necesita entender que construir una comunidad con cada uno no era el objetivo final, sino que es el medio para lograr un objetivo mayor. Los grupos pequeños de personas usualmente temen llegar a otros. Temen que las nuevas personas comprometan la intimidad que tienen unos con los otros. Pero yo pienso que en realidad pasa lo opuesto: los grupos crecen aun más fuertes, cuando ellos siguen llegando a otros, juntos.

Encontrar el balance entre socializar y el ministerio no es fácil. Pero es esencial que lo encontremos; ya que si dejamos que nuestro ministerio sea solamente social, nos arriesgamos a volvernos poco auténticos. Si la percepción de un visitante, es que nuestro ministerio es simplemente una reunión social, no va a ser atractivo. La mayoría de los jóvenes vienen a la iglesia porque quieren encontrar amigos y una formación espiritual. Es nuestro trabajo encontrar y mantener ese balance. Ahora, yo no recomendaría hacer necesariamente lo que yo hice para mantener el balance, pero de igual forma les hablaré al respecto.

Nosotros iniciamos con nuestras reuniones en las noches de los jueves en un aula en nuestra iglesia. (Y ya sé que dije que no inicien con una reunión semanal. Pero les advertí acerca de hacerlo porque ahora sé mejor de lo que hablo). La primera noche, se presentaron cerca de 20 personas, y después de unas ocho semanas, nuestro grupo era más del doble del tamaño. Yo noté que el aspecto social del ministerio se estaba moviendo extremadamente rápido, en muchas formas, se había convertido en la atracción. Así que una semana cuando me levanté para hablar, terminé desechando mi discurso; en lugar de eso me senté en una de las bancas y simplemente dije lo que había en mi corazón. Hablé sobre lo mucho que yo valoraba las relaciones y dije que me había animado cómo se estaban conociendo unos a los otros.

Pero después expliqué el propósito de este ministerio, que no era que este fuera un club social. Queríamos llegar a la gente con el propósito de presentarlos completos en Cristo (Colosenses 1:28). Les expliqué que yo no permitiría que este ministerio se convirtiera en nada más que un club social para ellos. Les dije que si nuestro ministerio se convertía en eso, lo cerraría. Dije todas estas cosas sin rodeos, y probablemente debí manejarlo con más gentileza. Pero estaba preocupado.

Ustedes debieron ver sus caras, maté a una vaca sagrada que yo ni siquiera sabía que existía. Yo no tenía idea de lo importante que era relacionarse para ellos, y de haberlo sabido, tal vez hasta hubiera sido un poco más paciente. Pero no mucho.

La manera en que el ministerio inicia establece cómo será este en el futuro. Pude haber dicho lo que pensaba de forma diferente, pero quería que entendieran lo que dije, y no me importó la gente que se fue. Lo que fue bueno, porque algunos sí se marcharon.

Dos semanas después de mi conversación, la asistencia cayó a 19 personas incluyéndome y a los líderes de alabanza. Fue muy duro, y recibí duras críticas de algunos de los miembros del personal de la iglesia. Incluso me seguía preguntando a veces acerca de lo que hice. Pero no miraba atrás, estoy extremadamente agradecido por esa noche. De ahí en adelante, teníamos un buen balance un núcleo sólido de personas que entendían de qué se trataba ese ministerio.

Estoy casi seguro de que mi enfoque no era la mejor forma de alcanzar el balance para nuestro ministerio, pero comparto esta historia con ustedes para señalar cuán en serio nos debemos tomar este asunto. Una vez que nos ocupamos de los asuntos sociales, el ministerio perdió todo el enfoque. Debemos fomentar y utilizar el deseo por las relaciones, pero no se puede convertir en la razón por la que el ministerio existe.

Quisiera mencionar un componente final de las relaciones de jóvenes, que jamás había pensado que existía, hasta que estuve haciendo ministerios de jóvenes por muchos años. Yo me preguntaba por qué siempre me sentía como si apenas estuviera comenzando, como si simplemente no pudiéramos hacer que la gente se comprometiera a largo plazo. Yo me esperaba cierto cambio después de 4 o cinco años, pero noté que nuestro grupo principal cambiaba cada dos años. No podía entender si se debía a que no estábamos comprometiéndolos, o si ellos eran los débiles. Resultó que el problema no éramos ni yo ni la gente involucrada.

De hecho no había ningún problema en realidad, solamente que yo debía reajustar mis expectativas de los jóvenes.

El primer ajuste fue darme cuenta de que alguna gente no encontraría lo que necesitaba en nuestro ministerio. Ningún grupo puede ser todo para todas las personas, y es una pérdida de tiempo tratar de intentarlo. Algunas personas se sienten mal si se presentan en un lugar y nadie les habla, mientras para otros es raro pasar toda la reunión conversando con personas que acaban de conocer. No hay una fórmula que asegure que todas las personas se van a sentir conectadas y bienvenidas. Así que sin importar qué hagas siempre habrá gente que se aparezca en dos o tres reuniones y no regrese más. Por supuesto que vale la pena llamar y preguntar si hay algo de lo que les gustaría hablar, pero la mayoría de las veces, me di cuenta de que a estas personas simplemente no les interesaba lo que estábamos haciendo.

El segundo ajuste fue darme cuenta de que las vidas de los jóvenes son muy transitorias.

En un grupo donde algunos son estudiantes, algunos trabajan tiempo completo, algunos no hacen nada, y otros hacen de todo, los ministerios de jóvenes consiguen una fluidez que es única comparada con otros grupos. Hasta la persona más comprometida tiene momentos en los que no puede estar ahí, o naturalmente perdieron el deseo de estar involucrados. Esta transición puede ser una señal de bienestar en el grupo. Si la gente sigue su camino en la vida, superándose, quiere decir que algo estamos haciendo bien. Recuerde que el objetivo de los ministerios de jóvenes es ayudarlos a superarse.

Mi tercer ajuste tenía que ver con reconocer lo emocionales y estresantes que son estos años para los jóvenes. El trabajo interno que realizan mientras buscan una identidad, significado, intimidad y verdad puede hacerlos sentir bajo una presión constante, así que tienden a actuar de forma errada. Si alguna de las relaciones que han formado en el grupo se acaba, ellos se van. Comúnmente un problema con la familia o el trabajo los estresa mucho, y necesitan tiempo para pensar y pasar por cualquiera que sea su problema. O tal vez, ellos comienzan a salir con alguien que no quiere ser parte del grupo, o necesitan más dinero así que deben trabajar más. A veces no están listos para el trabajo espiritual que implica el grupo, y necesitan solo tiempo para madurar un poco más.

Una vez vi a los jóvenes como ellos eran, en lugar de verlos como yo creía que ellos debían ser, y dejé de preocuparme por que cambiaran. Naturalmente, quiero que la gente se quede en el ministerio, pero en mi enfoque necesito asegurarme de que el ministerio se mantenga fiel a su misión, no a asegurarme de que todos estén felices.

Las relaciones que los jóvenes desarrollen en el ministerio pueden convertirse en algunas de las amistades más significativas de sus vidas. En esta etapa crítica del desarrollo, una fuerte comunidad cristiana y amigos comprometidos que saben cómo desafiar y exigir unos a los otros pueden ser las razones por las que un joven se comprometa en la fe.

LA REDEFINICIÓN DEL CULTO

Los jóvenes aman la música. Son lo suficientemente maduros para entender la cualidad emocional de la música, lo que hace que crearla o escucharla sea una experiencia muy rica para ellos. La música puede también actuar como un puente hacia la espiritualidad. Es una forma segura de expresar emociones y sentirse conectado con otros miembros de la comunidad. Pero la importancia que le dan los jóvenes a la música significa que la calidad de la música de adoración puede reforzar o dañar la experiencia del ministerio. Y eso es un problema.

Entonces, en varias ocasiones encuentro a los jóvenes (y

a personas de otras edades también) alabando "la alabanza". Personas que creen que la única forma de alabar a Dios es cantar cierto tipo de canciones y sentir cierto tipo de emociones. Pienso que muchos de nosotros estamos de acuerdo en que adorar es mucho más que cantar canciones (Romanos 12:1-2). Al mismo tiempo, las iglesias por lo general se refieren a la parte musical de la reunión como la "alabanza", dejando la impresión en nuestros jóvenes de que adorar se trata solo de cantar. Si les permitimos continuar con esta mala asociación, les estamos privando del elemento central de su fe.

Cuando nosotros iniciamos nuestro ministerio, no teníamos a nadie que dirigiera la música de forma consistente. La mitad del tiempo no había nadie. Pero conforme fue pasando el tiempo, empezamos a desarrollar una banda. Se hizo con personas que habían aceptado el evangelio, tenían una fe creciente, querían servir y tenían dones musicales. Era maravilloso tener un grupo tan dedicado y talentoso de personas liderando la música. El problema fue que se hicieron demasiado buenos, y sé que eso no suena como un problema, pero su éxito nos trajo algunas dificultades muy reales.

Nuestra banda jugaba un papel significativo en el rápido crecimiento de nuestro ministerio. Nuestro líder de alabanza y yo trabajamos muy bien juntos, coordinando la música y los mensajes para cada reunión. Incluso escribimos canciones específicas para algunos mensajes, haciendo nuestras reuniones perfectas. La banda practicaba todo el tiempo, siempre escribiendo o grabando, y la gente estaba muy comprometida con esa parte de nuestras reuniones. Aun así, el líder de adoración y yo nos dimos cuenta de que la gente estaba comprometida, pero solo a un nivel emocional, y no estábamos seguros de que estuvieran comprometidos con Dios. Por suerte los chicos de la banda también entendieron este problema, y juntos comenzamos a tomar medidas para encontrar un balance.

Para hacer que nuestro grupo llegara al punto en donde entendíamos la alabanza de forma distinta, decidí enseñarles a través del libro de 1 de Juan. Si usted conoce este libro, sabrá que es muy directo, no hay muchas "palabras suaves" en él. Me enfoqué en cómo nuestra relación con Dios no solo está basada en emociones. También mencionamos intencionalmente la forma en que hablamos sobre la alabanza. Nuestro líder de alabanza se tomó el tiempo de hablar cada semana de cómo la alabanza era un estilo de vida y no un set de cuatro canciones. Yo animé a los jóvenes a pensar en la alabanza como un asunto de la vida no sólo como un asunto de la iglesia, preguntándoles cómo es la vida de una persona que realmente ama a Dios.

También comenzamos a implementar otras formas de adoración. Empezamos a adorar a través de la oración, lecturas públicas de la Escritura y la comunidad. Creamos experiencias de alabanza que no involucraban música para nada. Planeamos un evento el cual promovimos como "la noche de adoración". La gente estaba muy feliz y llegaron pensando que iba a ser un gran evento de algún tipo. Mantuvimos a todos fuera del templo hasta el último minuto. Cuando finalmente los dejamos entrar, el templo estaba vacío, sin instrumentos, sin un escenario y sin sillas. Estaba todo oscuro y todo lo que se podía ver eran unas largas pantallas donde se proyectaban estas palabras: "Alaba tanto como quieras" . Nosotros no les facilitamos nada; solamente lo dejamos ser. Alguna gente estaba confundida, otros se fueron después de algunos minutos, pero muchos se quedaron y pasaron tiempo en oración, leyeron las Escrituras, o solo se sentaron en silencio. Resultó ser la experiencia con más alabanza que jamás habíamos "organizado". Además fue crucial para nuestro ministerio y una gran lección que nos ayudó a traer balance.

En un punto, fuimos un paso más adelante (por cuatro meses habíamos estado sin ninguna expresión musical de alabanza). Sí, la asistencia había bajado un poco, pero a la mayoría de la gente le gustó. Sintieron como que trajimos de vuelta la autenticidad de nuestro ministerio. Fue un momento refrescante, un tiempo en el que mucho crecimiento tuvo lugar entre nuestra gente y en mí. Una vez que sentimos que nos habíamos recalibrado, lentamente trajimos de vuelta el aspecto musical a nuestras reuniones.

Como líderes, necesitamos considerar no solo las necesidades inmediatas de nuestra gente, sino también el impacto a largo plazo de lo que nuestro ministerio enseña. Debemos pensar más allá de lo que funciona y que se enfoca en lo que guía a los jóvenes hacia una madurez y fe más profunda.

CREANDO UN ESPACIO

Nuestra primera reunión fue una parrillada en mi casa. A partir de ahí, iniciamos nuestras reuniones de los jueves en la noche. Nos reunimos en un salón de clases sin proyector, sin sistema de sonido, sin candelas, sin iluminación especial y como mencione a veces sin ningún tipo de música. Yo no tenía ninguna "atmósfera" planeada, y resultó que la falta de ambientación no importó.

He hablado con muchas personas que quieren iniciar un ministerio de jóvenes y están tratando de imaginar cómo hacerlo. Así que visitan ministerio tras ministerio para ver lo que los otros hacen. Toman notas cuidadosamente, de los elementos que ellos tienen en la reunión, qué decoración entre otras cosas. Después van de vuelta a sus iglesias, se reúnen con la gente del equipo, y hablan sobre cómo implementar lo que a ellos les pareció efectivo. Algunos han comprado lámparas, candelas, y hasta cortinas para hacer la atmósfera similar a la que ellos vieron. Pero esos ministerios están destinados a fracasar, o a pasar por muchos problemas para continuar. Usted no puede iniciar un ministerio en donde otros ministerios ya están.

Cuando las personas piensan en la palabra atmósfera, usualmente piensan en los elementos físicos de una habitación. Aunque me gusta mucho colocar las luces de mi sala de cierta forma cuando leo tarde en la noche, y sé que la música, el arte y la iluminación pueden tener un tremendo impacto en el sentimiento de una experiencia de alabanza, la atmósfera que les importa a los jóvenes es la que viene de usted, de su equipo del ministerio y la gente involucrada en su grupo.

Yo entiendo lo que significa preocuparse por los detalles de último momento, cinco minutos antes de que el evento inicie, o sentirse tan apresurado que uno no se detiene un instante para orar por el tiempo que pasarán juntos. Pero he aprendido que mi ánimo al inicio de la reunión puede establecer el tono para el resto del grupo. Si estoy relajado cuando la gente llega, ellos tienden a estar de esa forma también. Usted establece la atmósfera con su actitud, sin importar si es apresurada y orientada al programa o relajada y orientada a las personas.

Los jóvenes están conscientes de los objetos en un cuarto, pero están más conscientes del sentimiento general de un grupo. Los elementos físicos pueden ayudar a crear una atmósfera confortable, pero todas las luces tenues del mundo no sirven con la gente testaruda y los líderes tensos. Si usted quiere poner su esfuerzo en crear un ambiente estéticamente placentero, está bien. Pero no deje que los alrededores físicos se conviertan en lo que define su ministerio. Asegúrese de que las relaciones sean lo primero. Tenga lugares para que las personas se sienten a conversar, agréguele algo de comida (la comida siempre ayuda a la gente a sentirse más cómoda) asegúrese de que el espacio esté limpio, pero no muy formal para que las personas se puedan relajar. Concéntrese en la gente, y el ambiente se hará cargo de lo demás.

Creando una reunión que llene las necesidades de los jóvenes, es mucho menos complicado de lo que se está imaginando. En vez de gastar energía en las cosas grandes, como qué clase de eventos planear y qué espacios crear; nosotros los líderes necesitamos prestar atención a las pequeñas cosas que en realidad importan a los jóvenes. La autenticidad de nuestro liderazgo, las actitudes de las personas, el sentimiento de que ellos son libres de ser lo que ellos son, la oportunidad de construir relaciones. Cree un lugar de reuniones donde todos estos elementos sean fomentados y valorados, y usted tendrá así un ministerio efectivo.

CAPÍTULO 11

LOS VOLUNTARIOS

¿Alguna ves has visto cómo juegan los niños juntos? El otro día tuve la oportunidad de ver a dos niños (un chico y una chica) jugando en el parque, en la zona de la arena. Estaba sentado en el césped con mi hija Karis teniendo un día de campo. Mientras Karis preparaba las cosas que íbamos a comer (en su mayoría juguetes de plástico con forma de comida), me detuve a ver a esta pareja mientras escavaban en la arena. Usualmente trato de dedicarle toda mi atención a mi hija, pero mi atención tiene un límite cuando lo que estoy comiendo son manzanas de plástico.

De cualquier forma, me detuve a ver a estos chicos y noté grandes diferencias entre ellos. La niña estaba construyendo su pequeño castillo con mucho cuidado y dedicación, mientras que el chico solo escavaba y tiraba arena por todos lados. La niña además hablaba consigo misma y cantaba en un tono dulce. De vez en cuando se detenía para mirar a otras personas en el parque. El chico, por el contrario, no hablaba mucho, excepto por algún gruñido ocasional. Él escarbaba en la arena con dos palitos y sin ninguna idea en su cabeza. No estaba consciente de las personas ni las cosas que lo rodeaban.

Finalmente, cuando la niña terminó, se levantó, miró su castillo y nos miró a algunos que estábamos con nuestras miradas fijas sobre ella. Terminó con una pequeña reverencia. Fue hasta entonces cuando el niño se dio cuenta de lo que estaba pasando. Miró el castillo de la niña y sus ojos brillaron. Estableció un objetivo, alistó sus armas y sus pies empezaron a moverse. Cuando estaba como a medio metro de su objetivo, saltó y aterrizó sobre la obra maestra creada. No paró hasta destruirla completamente. Luego, nos miró e hizo también una pequeña reverencia.

En su mente, los castillos de arena están hechos para ser destruidos. Esta "brutalidad" es perfectamente normal en estas circunstancias. La niña por otro lado estaba anonadada por lo que su compañero había hecho. Se quedó mirando al chico por unos segundos en silencio e impactada. Luego le cayó encima. Sin embargo, mientras más le gritaba, más confundido parecía estar el chico. En su mente casi se podía leer algo como: "¿Qué te pasa? ¡Eso fue divertidísimo!".

Para nosotros como espectadores, esa escena fue muy graciosa. Pero para los dos niños involucrados, no tenía nada de chistoso. Ambos se encontraron perplejos por la forma en que el otro había reaccionado. En sus mentes, sus acciones no tenían sentido.

He visto que sucede lo mismo en el ministerio con jóvenes de edades universitarias. El líder trabaja, trabaja y trabaja para hacer del ministerio juvenil un lugar perfecto, solo para encontrarse que los jóvenes llegan y no encuentran nada atractivo para ellos. Luego se marchan dejando un trayecto de destrucción moral. Ambas partes terminan con frustración y confusión.

Ya hemos discutido algunas de las características distintivas de un ministerio con jóvenes de edades universitarias efectivo. Sin embargo, una de las áreas las que no se trata demasiado, es sin lugar a duda el voluntariado. Esta es como un castillo de arena, listo a ser destruido. Aquellos que tenemos algún tipo de trasfondo ministerial, creemos que lo único que se necesita hacer es encontrar y mantener a algunos buenos voluntarios. Sin embargo, aquello que funciona para un grupo de jóvenes adolescente, puede ser justamente aquello que "hunda el barco" del ministerio con jóvenes de edades universitarias.

ROMPIENDO EL ESPÍRITU DEL EQUIPO

Una de las cosas que hice cuando iniciamos el ministerio de jóvenes de edades universitarias en la iglesia, fue reunir a unas 10 personas para conformarlos como el equipo de liderazgo base. Quería que este equipo fuera comprometido con el ministerio, que tuvieran dones y desde luego que amaran a Dios. Empezamos a reunirnos antes de oficializar el ministerio. Cada reunión nos ayudaba a conocernos mejor. Tomábamos café juntos y comíamos pizza, hablábamos de las ideas que teníamos para el ministerio y conversábamos de nuestros dones e intereses, para poder designarle a cada uno de nosotros áreas específicas dentro del ministerio. Fue un tiempo muy intenso y divertido, y teníamos una expectativa muy alta de lo que sucedería a continuación.

Mientras pasaba el tiempo me di cuenta que el ambiente dentro del equipo se tornó, bueno, extraño. A pesar de lo importante que son los equipos, también son difíciles de mantener motivados. Los equipos tienen la tendencia de quedarse "estancados" en la expectativa que tiene cada quien de lo que cada miembro debe hacer. Rápidamente pueden – entonces – caer en un patrón de negativismo. Aquello que comenzó con un corazón voluntarioso, puede convertirse en un deber nada más.

Todos hemos experimentado este cambio alguna vez en nuestra vida ministerial. Nos emociona ser parte de algo, pero después se convierte en una responsabilidad regular que TENEMOS que hacer. Lo malo es que una vez que un miembro del equipo entra en esta apatía, pronto otros lo seguirán.

Cuando nuestro equipo llegó a este punto, pensé que quizás yo no era la mejor persona para estar al frente de ellos. Decidí entonces intentarlo de nuevo. Recluté a un par mas de personas con pensamientos frescos para que le inyectaran un poco de entusiasmo al equipo. Nos reunimos cada quince días para discutir, planear y orar. En cierta forma se sentía como si estuviéramos empezando todo otra vez. Sin embargo, después de un tiempo, volvimos a caer en lo mismo de antes.

Después de fracasar dos veces en este asunto de liderazgo de un equipo, decidí darle a uno de los líderes del ministerio la oportunidad de ensamblar un equipo según su criterio. Le entregué el liderazgo y permití que él tomara las decisiones. Él tenía muchas mas habilidades en el trabajo con grupos pequeños que yo, y las cosas le salían muy naturalmente. El reclutó algunas personas nuevas al equipo, y todos estaban muy emocionados. Pensé que al fin habíamos encontrado la solución a nuestros problemas, pero una vez más, la energía se esfumó. Un cuarto intento con un líder más terminó de la misma forma. Lo más que pudimos mantener al equipo junto y motivado, fue cuatro meses (estoy siendo muy condescendiente con este número) .

Sin saber qué más hacer, tomé la decisión de no tener un equipo de liderazgo del todo. Esta fue una de las mejores decisiones que he tomado. (Recordemos que estamos hablando de ministerio y liderazgo para jóvenes de edades universitarias).

Estos jóvenes se estimulan por el cambio, la adrenalina, las emociones, las relaciones y la actividad social. De esta forma, si nos reunimos una vez al mes para delegarles tareas, pronto se volverá aburrido. Los jóvenes de estas edades no quieren un programa, y no quieren sentirse que son valiosos solo por lo que puedan darnos. Estas reuniones de liderazgo son una mala combinación para nuestros jóvenes.

De esta forma, en lugar de tener una reunión formal de liderazgo, levanté un equipo de personas que no sabían que eran un equipo. Decidí enfocarme en las relaciones, y no en el programa. Este cambio de prioridades no solo nos ayudó en la efectividad, sino que además el ministerio fue más honesto con respecto a quiénes somos y nuestras fortalezas. En lugar de reuniones quincenales o mensuales con un grupo grande de jóvenes, escogía algunos líderes naturales que pudieran reunirse semanalmente con grupos más pequeños. Agregar ocho o diez reuniones por semana evidentemente era mucho más trabajo en algunas áreas, pero simplificó el ministerio en muchas otras.

Este acercamiento definitivamente nos tomó más tiempo, y fue difícil coordinar todos los horarios. Pero esta nueva táctica cambió por completo para bien nuestro ministerio. Nuestro tiempo juntos se reenfocó en ellos, y no en las tareas que habíamos programado. Invertir en los jóvenes de manera individual era mucho más sencillo que intentar constantemente motivar a un equipo para que completaran una tarea. El simple hecho de redireccionar mi energía, de la motivación del equipo a la inversión personal en cada joven, generó que las tareas fueran adoptadas naturalmente por los mismos jóvenes.

Quiero aclarar algo importante. No estaba intentando engañar a estas personas para que me ayudaran. Honestamente quería pasar tiempo con ellos e invertir en sus vidas. Quería conocerlos mejor y ayudarles a encontrar la forma en la que Dios, quien los creó, quería que vivieran. Si no hubieran estado anuentes a ayudar en el ministerio, aun así hubiera disfrutado el pasar tiempo con ellos.

Sin embargo, desarrollé algunas reglas personales que me ayudan a mantenerme enfocado y no caer en la trampa de usar a las personas:

- Estas reuniones serían informales. Nos reuniríamos a tomar café o a comer algo. Si me reunía con alguna mujer, la haría en las mesas que están en el patio, afuera de mi oficina.
- Si tenía que discutir detalles ministeriales, haría el esfuerzo por recordarlos. No llevaría una libreta para tomar notas o mi computadora.

- Me aseguro que la mayor parte del tiempo la invirtamos hablando de la vida de la otra persona y de sus pensamientos.
- Intento con todas mis fuerzas ir profundo en su vida espiritual. Cuando la gente está sirviendo con fidelidad, tendemos a pensar que su fe es fuerte y firme, pero puede que esto no siempre sea verdad.
- Nos reímos mucho.
- Hablamos también de muchos temas que no tienen nada que ver con el ministerio.
- Me aseguro que me conozcan y que sepan que les amo por quienes ellos son, antes de por lo que puedan darme.
- Nunca les pido que hagan nada. Espero a que sean ellos que me dejen saber cuando están listos pata involucrarse un poco más. Y si nunca llegan a estar listos, no tengo problema con eso.

La verdadera belleza de este acercamiento es que pude tener una relación personal con cada uno de ellos, en lugar de actuar como un facilitador en las tareas a realizar. Éramos socios y colaboradores en el ministerio, caminando hombro a hombro en unidad. Conversábamos de las cosas que hacían falta en el ministerio, y hacíamos que sucedieran. Fue un ambiente mucho mejor, no solo para mí, sino más importante aun, para aquellos con los que estaba trabajando.

Cada tres meses reúno a todos estos jóvenes para tener una reunión juntos. No discutimos acerca de tareas a realizar, ni adónde queremos que el ministerio se dirija. Simplemente la pasamos bien juntos. Casi desde la primera reunión, ellos mismo sugirieron reunirse dos veces al mes. Estaban contentos de poder reunirse con otros que estuvieran colaborando con el ministerio para así poder construir sobre sus relaciones personales. Antes, cuando les pedimos que nos reuniéramos dos veces al mes, ninguno respondió. Sin embargo, como el grupo ahora estaba basado en relaciones reales, no en tareas; ellos querían "conectarse" más a menudo. Creo que estas reuniones cada dos semanas hubieran creado el mismo problema que teníamos antes, por lo que les sugerí que se mantuvieran conectados fuera de cualquier programa formal del ministerio. Esta sugerencia fue lo que hizo que todo funcionara. Tener un equipo que no supiera que eran un equipo en realidad les ayudó a verse como un equipo.

Tal vez notes que no he dicho nada con respecto a la edad de estos líderes voluntarios. Eso es porque sin importar su edad, he descubierto que las personas que tienen una tendencia por los jóvenes de edades universitarias, también la tiene por las relaciones personales. Los adultos voluntarios puede que no tengan el mismo deseo o necesidad de las relaciones interpersonales como lo tienen los jóvenes de edades universitarias, sin embargo, las personas con un deseo por el ministerio con jóvenes de edades universitarias, tienden a compartir ese deseo por las conexiones profundas y maduras (sin importar su edad) En otras palabras, a ellos tampoco les gustan los programas estructurados.

Hay desde luego, algunas diferencias críticas en la forma en la que un líder inspira y trabaja con voluntarios de edades diferentes y en distintas etapas de la vida. He descubierto que los líderes de este ministerio interactúan diferente con sus pares de lo que interactúan otros líderes de otros ministerios con sus pares. Hay algo importante que debemos saber con respecto a la relación e interacción de los líderes y sus pares en este ministerio.

LÍDERES JÓVENES

Una de las mejores cosas en el ministerio con jóvenes de edades universitarias es que es relativamente fácil encontrar líderes con las mismas edades que las del grupo en general. Usualmente están llenos de entusiasmo, energía y muy buenas ideas. Me encanta trabajar con estos jóvenes líderes y verlos cómo descubren lo que Dios quiere que hagan y en qué forma lo deben hacer. Por otro lado, esta clase de liderazgo (a diferencia de los líderes mayores), presenta un peligro potencial. Estas situaciones pueden llevar a cualquier bien intencionado ministerio a que se salga de su curso. Para evitar estos peligros, te sugiero once lineamientos a la hora de escoger y trabajar con líderes voluntarios que tengan la misma edad que los jóvenes en general.

1. **Asegúrate que están listos para liderar:** A menudo me doy cuenta de algunas fallas que cometemos cuando vemos los dones y talentos que tienen nuestro jóvenes. Creemos que sus habilidades son más importantes que su madurez. De esta forma cuando vemos a un joven talentoso, inmediatamente lo reclutamos al ministerio. El pastor de jóvenes con el cual me crié vio habilidades en mi persona y entonces me envió al ministerio. Lastimosamente me encontré en el espejo con un líder lleno de orgullo y fuera de control. No fue culpa del pastor, él pensó que podía manejarlo. Sin embargo, son muy pocos los jóvenes de edades universitarias que están tan bien preparados para el liderazgo como ellos creen. Si les presionamos o nos dejamos presionar, para que asuman posiciones de liderazgo sin contar con la madurez necesaria, vamos a hacerle un gran daño a nuestros ministerios. Peor aun, dañaremos los corazones de los jóvenes que tanto queremos y debemos alimentar. No hay nada tan dañino en la vida de un joven como que exaltemos sus habilidades por sobre su carácter. Queremos apoyarlos de una manera a largo plazo, no destruirlos con algo a tan corto plazo. Creo que cuando hacemos algo que beneficia la vida y el corazón del individuo, estamos también sembrando positivamente en el ministerio.

2. **Averigua sus motivaciones:** La experiencia me ha enseñado a sospechar de aquellos jóvenes que tienen un gran deseo de tener

una posición que los ponga enfrente de mucha gente. Aun si son grandes oradores, buenos músicos o fantásticos organizadores, el deseo de estar enfrente de todas las personas es una evidencia de que están más interesados en usar sus dones que en el crecimiento de su fe. Sé que esta declaración puede sonar un poco extraña (todos queremos que ellos usen los dones que Dios les ha dado). Sin embargo, los jóvenes de estas edades pueden creer erróneamente que cuanto más usen sus dones y habilidades en público, serán más aceptos para Dios. Intenta poner a estas personas en obligaciones más pequeñas donde puedan usar y nutrir sus dones de una manera balanceada y con seguridad. Si ellos rechazan esta obligación, inmediatamente sabrás que no están aún listos para liderar. Nuestra obligación es invertir en la madurez de nuestra gente, aunque eso signifique algunas veces retenerlos hasta que su madurez alcance a sus talentos y dones.

3. Busca algún indicio de manipulación: No estoy diciendo que debemos sospechar de todos nuestros jóvenes. Pero tenemos que al menos conocer lo que está sucediendo dentro de ellos en estos años. Su motivación primaria es el auto descubrimiento. Para algunos, esa exploración significa incursionar en diferentes personalidades para ver lo que se siente bien y lo que no. ¿Recuerdas la personalidad sustituta del capítulo 2? ¿Esa que cambia de acuerdo a las circunstancias externas? Bueno, esos chicos son muy buenos en darse cuenta lo que deben hacer para poder encajar en el grupo. Ellos no están necesariamente cambiando con una mala intención, pero igual están cambiando. La mejor forma de evitar estas conductas es que los involucres en el ministerio con un perfil bajo por lo menos por unos seis meses antes de ponerlos como figuras de líderes. Permíteles empezar lento y con paciencia. Necesitas tiempo para saber cómo son realmente. Ellos también necesitan tiempo para ganar la confianza de poder ser quien ellos verdaderamente son.

4. Haz las preguntas difíciles con respecto al orgullo y los celos: Nuestros jóvenes en estas edades se han vuelto muy buenos en reconocer sus talentos así como los de los demás. Este reconocimiento es muy bueno en la etapa de la formación, pero también les puede hacer sentir derrotados cuando ven que alguien puede hacer lo mismo que ellos hacen (o realizarlo aun mejor que ellos). He visto a muchos jóvenes buscar el liderazgo por asuntos de envidia u orgullo en lugar de por un honesto deseo de servir a los demás. Los he visto caer en una falsa humildad (esa que ellos mismos vieron mientras crecían en la iglesia), lo que les ayuda a evitar responsabilidades en cuanto a sus debilidades y fracasos. Los resultados nunca son los más saludables para ellos mismos o el ministerio. Es allí donde haber invertido tiempo en ellos me reditúa. Conozco el corazón de las personas en liderazgo de nuestro ministerio porque invertí tiempo hablando, orando y construyendo una relación. Esa inversión me da una idea muy clara de las cosas con las que están batallando, por ejemplo orgullo o celos. Puedo entonces ayudarles a ser más auténticos, darles la libertad de ser honestos con respecto a sus debilidades, y cubrirlos con la gracia de Dios cuando caigan.

5. Permíteles liderar grupos pequeños, no estudios bíblicos: Sin importar si tienes personas en tu ministerio que se conocen la Biblia de tapa a tapa, creo que muchos de nuestros jóvenes en esta etapa pueden hacer estudios bíblicos terribles. Déjame explicarte. Puede que tengan fuertes convicciones, pero muchos batallan con el idealismo y con una fe un poco superficial basada en la información solamente. Se vuelven en ciegos guiando a ciegos. Me he dado cuenta que los jóvenes de edades universitarias son mucho mejores guiando grupos pequeños, con discusiones donde son facilitadores más que maestros. Pero aun ahí, trato de poner solo a personas en las que confío y conozco para estas obligaciones.

6. Espera al menos un año antes de poner a un nuevo convertido en una posición de liderazgo: Cuando nuestros jóvenes llegan al cristianismo,

tienden a hacer cambios radicales en sus vidas. Uno de esos cambios es entrar al ambiente de la iglesia con un gran entusiasmo. Ellos quieren contribuir de alguna forma con esto que ha hecho tanto impacto en sus vidas. Pero ellos tienen que aprender a ser parte del cuerpo antes de poder liderar al cuerpo. Cuando ponemos a cristianos recién convertidos en liderazgo, podemos darles un falso sentido de identidad en el cual no tienen tiempo para ser simplemente cristianos. Una parte del discipulado a los nuevos cristianos es darles el tiempo para que puedan explorar y abrazar la fe en su vida diaria, sin sentir que tienen que tener todas las respuestas.

7. Sé paciente con su desorganización: Nuestros jóvenes usualmente batallan con su disciplina y organización (¿lo recuerdas?). Trabajar con estos voluntarios por lo general va a poner a prueba tu paciencia, pero la clave de nuestro ministerio es darles la perfecta combinación de orientación y libertad. Siempre apunto al balance donde puedo tener una formalidad relajada y les dejo saber exactamente lo que quiero, pero también con gracia cuando se olvidan de algún detalle o se desenfocan. Una vez más, tener una relación con ellos hace una diferencia positiva. En mis conversaciones semanales con mis lideres jóvenes en el ministerio, hablamos de asuntos que tienen que ver con sus debilidades. Me he dado cuenta que estos chicos no necesitan que yo se los diga, ya que ellos saben cuáles son sus debilidades en temas de disciplina y están deseosos de recibir ayuda para mejorar. De esta forma, cuando fallan en algún detalle o no siguen lo que se ha establecido, podemos conversarlo como un asunto de su vida, y no como un problema ministerial.

8. Pon atención a sus relaciones sentimentales: Muchas de las relaciones sentimentales empiezan y terminan en el ministerio para jóvenes de edades universitarias. Estas pueden agregar al grupo fortaleza y alegría o drama y destrucción (especialmente cuando los dos están involucrados en el liderazgo). Ya que estos jóvenes

se motivan socialmente, esta clase de situaciones puede causar una tensión importante en la red social del grupo con todos los jóvenes y en todo el ministerio. Como líderes, tenemos que tener nuestros ojos atentos a estas relaciones cuando veamos problemas o aun problemas potenciales. Al mismo tiempo, nuestra motivación siempre debe ser el deseo por buscar lo que es mejor para ellos en el plano personal, recordando que esto va a repercutir en el bienestar del ministerio.

Tuvimos una situación en el grupo donde dos líderes que estaban en una relación planearon ir a un viaje de misiones. En diciembre, cuando elegimos los equipos para el viaje en julio, ellos tenían unos pocos meses de estar juntos. Todo iba muy bien, así que a ellos les pareció una buena idea estar en el mismo equipo. Sin embargo yo no estaba convencido con esto. Así que en lugar de hacer lo que ellos querían, los dividí en dos grupos separados. Uno de estos grupos empezaría su trabajo dos meses antes que el otro. Esto significaba que cuando uno empezara el otro acabaría de terminar y estos chicos no se verían por un mes.

Puede que creas que esto que hice es cruel (ellos así lo pensaron), pero un mes después que compramos los boletos aéreos, ellos terminaron la relación. Si ellos hubieran estado en el mismo viaje, hubiera sido una distracción muy importante para el resto del grupo. Aun si hubieran seguido juntos, ese tiempo separados les hubiera caído muy bien. Era una decisión muy impopular de mi parte, pero creo que era lo mejor para el interés de todos nosotros.

9. Invierte en la persona integral: He hablado mucho de construir relaciones interpersonales con los jóvenes de 18 a 25 para poder guiarlos al proceso de madurez. Pero estas relaciones no pueden ser solo en una búsqueda de ayudarles. Tenemos que hacer con ellos lo que hacemos con nuestros amigos: reírnos bastante, hablar de nada, compartir lo que pasa en nuestras vidas y ofrecer consejo cuando se nos pida sin jugar un papel de terapeutas. Solamente estar presente y demostrarles que estamos genuinamente interesados en quiénes son ellos.

10. Permíteles liderar: Este consejo puede sonar muy obvio. Sin embargo he visto a demasiados jóvenes que se han "quemado" en el ministerio porque su líder principal o pastor nunca les dio responsabilidades de verdad. Este es un asunto muy serio entre los jóvenes de 18 a 25. Ellos necesitan saber que sus ideas son tomadas en serio. Como dije hace poco, muchas veces ellos van a fallar. Debemos entonces usar esas oportunidades para ayudarlos a crecer, no como excusas para dejarlos afuera de las responsabilidades y de nuestra confianza.

11. Sigue buscando líderes potenciales: Tenemos la tendencia de esperar que los líderes simplemente surjan, en lugar de hacerlos surgir. En el ministerio con jóvenes de 18 a 25 el cambio de líderes será algo muy común. Algunos estarán contigo siempre, pero muchos otros estarán haciendo otras cosas en su vida, y otros llegarán como nuevos. Pon atención a todos esos nuevos que se acaban de graduar de la secundaria. Ellos vienen con mucho entusiasmo y energía. Cargados de nuevas ideas. No digo que los pongas en una posición de liderazgo sin que estén listos, sino que inviertas de tu tiempo para conocerlos.

Podemos descuidar muchos aspectos del ministerio, pero nunca las almas y corazones de nuestros jóvenes. Hebreos 13:17 dice, "tengan confianza en sus líderes y sométanse a su autoridad, porque ellos velan por ustedes como quienes tienen que dar cuentas. Hagan esto para que su trabajo sea una alegría, no una carga, porque eso no sería de ningún beneficio para ustedes". Tenemos una responsabilidad de dar cuentas por dónde llevamos a la gente a la madurez espiritual. Ese dato es tan válido para nuestros jóvenes de 18 a 25 como para con cualquier otra persona en nuestros ministerios.

LÍDERES "VIEJOS"

Los voluntarios adultos son una parte importante en el ministerio con adolescentes. Sin embargo, son absolutamente vitales en el ministerio con jóvenes de 18 a 25. Si el objetivo es acompañar a los jóvenes a la vida adulta de la iglesia (entendemos "iglesia" como el cuerpo de Cristo y no una institución en sí), entonces tenemos que exponerlos a los adultos. Afortunadamente para nosotros, nuestros jóvenes anhelan tener adultos en sus vidas. Ellos respetan a las personas mayores (entre más viejos, ¡mejor!) Irónicamente, ellos aprecian a personas de confianza de la edad de sus padres, no únicamente a sus padres. Ellos valoran sus opiniones, consejos y cualquier experiencia que puedan sumar a sus propias vidas.

He aprendido muy rápidamente que estas relaciones son tan especiales para mis jóvenes que lo peor que puedo hacer es llamar a estos voluntarios como "staff" (personas contratadas y con salario dentro de una organización). Los jóvenes de edades universitarias quieren tener amistades genuinas con estos adultos, y llamarlos como parte del "staff" le da un sentido de relación de negocios, en lugar de una amistad.

Así que en lugar de traer adultos como miembros del "staff", simplemente se los presento informalmente a los chicos. Los adultos voluntarios en nuestro ministerio son personas que conozco y que amo, y que resulta ser que además tienen un gran corazón por mis chicos. Algunas vez junto a 2 personas (un voluntario y un chico) a nivel personal cuando sé que por las características de cada uno, pueden llevarse bien. Otras veces los invito al grupo en general y lo presento como a un amigo a quien respeto mucho. Luego dejo que el resto pase por sí mismo.

A pesar de lo grandiosos que son los voluntarios adultos en el ministerio, soy muy reservado a la hora de escoger a estos voluntarios.

Aun los más anuentes a servir pueden ser contraproducentes, si lo que quieren es llegar al grupo a "arreglar" a los jóvenes, o si no tienen la paciencia necesaria para lidiar con la inconsistencia y falta de disciplina de los jóvenes. Tengo una especie de lista mental cuando pienso en adultos voluntarios. Creo que provee de una buena perspectiva de lo que necesitas cuando buscas esta clase de voluntarios:

1. **Tienen una fe auténtica:** Estos voluntarios son modelos a seguir para lo que quiero que mis jóvenes lleguen a ser. Por eso quiero que sean personas no solo que profesen su fe, pero que también la pongan en práctica en cada aspecto de su vida.
2. **Son variados:** No me importa si son gente de negocios o madres que trabajan en casa, si son extrovertidos o introvertidos, casados o solteros, músicos o ingenieros, ricos o pobres. Entre más variedad, mejor. Esto no solamente incrementa la posibilidad de que nuestros chicos se identifiquen con alguien, sino que además nos refuerza la idea de que lo que tienes o haces, no define quién eres.
3. **Parejas casadas con matrimonios sólidos:** Hay algo maravilloso en el tener a parejas casadas y sólidas dentro del ministerio. Los jóvenes de edades universitarias tienen expectativas altas de poder casarse algún día. Sin embargo, muchos de ellos nunca han estado alrededor de familias sanas. Los voluntarios casados que tienen un matrimonio sólido y dirigido por Dios pueden ser ejemplos excelentes para los jóvenes de 18 a 25, quienes están en medio del desarrollo de su sentido de identidad y a un entendimiento de cómo es la intimidad sana. Cuando los exponemos a personas sanas y sólidas, indirectamente les estamos ayudando en ese proceso de la diferenciación e integración que hablamos antes en el libro.

4. **Son altamente relacionales:** Siempre espero que nuestros voluntarios adultos se puedan tomar un café con los jóvenes. Espero que a ellos les importe y que sepan cómo construir una amistad. Así que espero que sean personas sin problemas para relacionarse. No tienen que ser muy extrovertidos. De hecho, muchos de los mejores voluntarios que he tenido son personas introvertidas, pero que saben cómo desarrollar relaciones duraderas y profundas. Además espero que tengan un corazón inclinado por los jóvenes de estas edades. Antes que estos adultos lleguen a ser voluntarios, invierto mucho tiempo enseñándoles qué esperar. Aun antes de que empiecen el trabajo, escojo algunas personas que creo que serían buenos elementos para el ministerio y les hablo de lo que hacemos y de lo que sucede en la vida de los jóvenes. Intento dejar las cosas claras y listas para las relaciones que estoy esperando.
5. **Tienen un fundamento bíblico:** Mi esperanza es que los voluntarios mayores vengan a sumar a la misión que queremos lograr con nuestro jóvenes, la cual apunta en el desarrollo de la madurez de su fe. Para poder alcanzar esta misión, estos voluntarios deben tener bases sólidas en el conocimiento de la Palabra de Dios. No necesitan tener títulos de seminarios bíblicos, solamente una madurez espiritual para que puedan guiar a estos chicos a través del proceso en el desarrollo profundo de su fe. Ellos necesitan entender el acercamiento de la enseñanza y el discipulado que discutí en el capítulo 9 y estar dispuestos a llevar a los jóvenes a niveles más profundos de pensamiento, los que son necesarios en esta etapa.

Sé que esta lista puede desanimarte, ya que no crees que puedas encontrar a personas que llenen estas expectativas. Pero créeme, estos están en tu iglesia. Tal vez no sobresalgan como los más conocidos o incluso como las opciones obvias a tu parecer, pero te prometo que están ahí y tienen el potencial de ser increíbles herramientas para tu ministerio.

Una de las principales diferencias entre los líderes jóvenes y aquellos que son adultos, es el tiempo que se le pueda dedicar al ministerio. Y a pesar de lo increíbles que son estos líderes adultos, creo que debes establecer un límite en cuanto al tiempo que ellos van a estar en el ministerio.

Sé que esta sugerencia suena extraña, así que déjame que te lo explique. Los jóvenes de 18 a 25 ansían ayuda para encontrar dirección en sus vidas y tienen todo tipo de preguntas que le quieren hacer a los adultos, pero ellos también quieren espacio y libertad para darse cuenta de estas cosas por sí mismos. Ellos quieren tener a alguien con quien hablar, pero no todo el tiempo. A ellos no les molesta tener un mentor, pero no quieren otro padre. Tener adultos a mano en algunos momentos específicos puede tener un beneficio formidable para los jóvenes, pero tenerlos alrededor mucho tiempo puede cambiar la atmósfera de tu ministerio.

Lo que puede ser perjudicial no es el número de voluntarios adultos, ni su edad o pasión. Es su presencia. Si ellos están involucrados en todas las reuniones semanales y trabajando en cada evento, entonces empezarán a verlos como miembros "staff". De pronto, estos excelentes amigos, se pueden convertir en niñeras. Y ningún joven de edad universitaria quiere una niñera.

En lugar de eso, piensa en tus voluntarios adultos como "la banca". La mayoría de los adultos que trabajan en el ministerio que dirijo nunca han ido a las reuniones que hacemos (recuerda que estos voluntarios están allí no para mover sillas o dirigir programas). Son personas que conozco y amo y a las que les he pedido si se atreverían a caminar a la par de nuestros jóvenes. Cuando sé de algún chico que quiere o necesita esa mentoría, lo conecto con uno de estos adultos voluntarios.

Mi familia y yo usualmente invitamos a un grupo de 8 a 10 jóvenes a que se nos unan para una cena. Cuando tenemos este evento, también invito a uno o dos de estos adultos voluntarios a que se nos unan. La cena no tiene ningún programa, así que la presencia de estos adultos tampoco está programada. Solo las invito para que compartamos juntos y nos divirtamos. También intento que dos o tres matrimonios se nos unan cuando tenemos algún retiro. Pienso en una pareja por cada 15 jóvenes para mantener un equilibrio. Este acercamiento le da a mis jóvenes una oportunidad para convivir con ellos en un ambiente natural, no forzado y casual.

Existen algunos modelos para trabajar con tus voluntarios de una manera efectiva. Mi consejo es que los evites a toda costa. Cuando hablamos de jóvenes de 18 a 25, no existe ningún modelo rígido que cumpla los objetivos, ya que el ministerio se basa en relaciones, y las relaciones no pueden ser programadas. En lugar de eso, sé flexible, asegúrate que tus voluntarios sepan lo que esperas de ellos, y luego hazte a un lado mientras que se conectan con los jóvenes en tu ministerio. Esa es la forma en la que el liderazgo trabaja con jóvenes de edades universitarias.

CAPÍTULO 12

LA INTEGRACIÓN

Recientemente hablé en una conferencia y tuve el privilegio de conocer a Gary, el pastor de una pequeña iglesia en Illinois. Empezamos a hablar después de uno de mis seminarios y terminamos almorzando juntos. Después de estar sentando con él durante 5 minutos, absolutamente me encantó este tipo. Él me contó que su iglesia estaba luchando para retener a sus jóvenes después de que se graduaban del colegio. Muchas de las familias de su iglesia habían experimentado cómo sus hijos se desconectaban de la iglesia después de terminar el colegio, y por eso tenían su corazón destrozado. Gary estaba reuniéndose con los padres, orando con ellos, y acompañándolos en su dolor y temor. Gary sentía ese miedo también, pues su hija estaba a punto de graduarse del colegio y no quería que a ella le sucediera lo mismo.

El corazón de Gary por su iglesia era increíble. Su preocupación por estas familias (los padres y los hijos) lo mantenía despierto durante la noche. Él estaba buscando consejo acerca de cómo mantener a los jóvenes de edad universitaria comprometidos en la vida de la iglesia.

No me tomó mucho tiempo darme cuenta cuál era el problema. Gary ciertamente tenía un profundo amor por estas personas, y tenía grandes ideas para el ministerio. El problema era que todo lo que intentaba en su iglesia implicaba que estos jóvenes de edad universitaria asistieran a un culto u otro gran evento, y para este punto ya sabes por qué ese enfoque no es suficiente.

Además de eso, estos jóvenes crecieron llamando al culto de la iglesia, "gran iglesia" y nunca sintieron que pertenecían ahí. Incluso después de que se graduaron, la gran iglesia se sentía como algo predestinado para los "verdaderos" adultos, no jóvenes adultos. Los mensajes eran acerca de la vida adulta y familiar. Cada ilustración del sermón tenía que ver con el lugar de trabajo o con la crianza de los hijos. La vida de la iglesia giraba alrededor de personas que no conocían o pensaban como los amigos de sus padres y los padres de sus amigos. Simplemente no se conectaba con el lugar donde estaban en sus vidas. Gary y otras personas intentaron involucrar a los jóvenes en varios proyectos de servicio y ministerios, trabajar en la guardería de la iglesia, ayudar en la escuela dominical, ese tipo de cosas. Pero parecía que nada podía mantener a estos jóvenes interesados.

Gary había caído en la trampa de creer que la integración se trataba acerca de conectar a los jóvenes de edad universitaria a un culto de la iglesia. La tradición de que la vida cristiana gira alrededor de los cultos de la iglesia afectó drásticamente la idea de lo que significaba integrar a los graduados del colegio. Su motivación era correcta, pero sus métodos no podían estar más equivocados.

La meta de la integración consiste en hacer que los jóvenes de edad universitaria se integren plenamente en relaciones adultas a parte de los cultos de la iglesia o eventos organizados. Y en este caso, tenía que empezar con Gary. Estoy seguro de que él era un buen pastor, pero a los jóvenes de edad universitaria no les importa el rol de una persona. Las personas jóvenes en la iglesia de Gary sabían quién era él y la posición que mantenía, pero no tenían ni idea de cuánto los amaba. La compasión de Gary era su mayor fortaleza, y ni siquiera lo sabían.

Gary se fue a casa después del seminario y empezó a buscar a un líder con un corazón por los jóvenes en edad universitaria. En un par de semanas la iglesia contrató a alguien a medio de tiempo. Gary y yo hablamos durante este proceso, y yo lo alenté a que se asegurara de que su líder se enfocara en las relaciones, no en los programas. También lo animé para que diera a conocer a los padres de los jóvenes que todos ellos debían cambiar sus supuestos acerca del enfoque de cómo se vería la iglesia para sus hijos. La integración tomaría tiempo, y requeriría toda una nueva serie de prácticas para esta iglesia.

Lo mismo podría ser verdadero en tu escenario. Tú has heredado supuestos e ideas acerca de cómo integrar a los jóvenes de edad universitaria de nuevo a la iglesia, ideas que simplemente no han funcionado. Pero el problema real es que muchos ministerios de jóvenes de edad universitaria tienen el concepto incorrecto de integración. Cuando hablo con líderes de ministerios de jóvenes de edad universitaria, les pido que definan la meta de su ministerio. Muy a menudo, la respuesta involucra integrar a los jóvenes en la vida de la iglesia al hacer que sirvan a la comunidad de su fe y al encontrar maneras de ayudarles a sentirse más cómodos en los cultos. Si esa es la meta, no solo el ministerio fracasará miserablemente, sino que podría también reforzar la desconexión entre los jóvenes de edad universitaria y la iglesia.

Yo sé que los pastores y líderes tienen nada más que las mejores intenciones cuando intentan hacer que sus cultos sean más "amigables al usuario" para los jóvenes de edad universitaria. Pero incluso los mejores expositores y bandas y equipo de luces no harán que un joven universitario asista a algo que no está atacando los asuntos en su vida ni sus necesidades esenciales de relaciones, mentores y compañeros. Yo solía servir en una iglesia donde el pastor, Francis Chan, era uno de los máximos expositores de jóvenes en el mundo. ¡Esa afirmación no es una exageración! Francis puede comunicarse absolutamente con las personas sin importar la edad que tengan. Pero incluso en ese contexto, con Francis como nuestro pastor, nuestro ministerio tenía que ir más allá de conseguir que la gente asistiera a la iglesia. Si yo no podía hacerlo con ese enfoque y con un pastor como Francis, entonces mi corazonada es que tú tampoco puedes hacerlo.

Pensar acerca del ministerio afuera del modelo de programas y eventos, y yo considero que un culto es un evento, es difícil para nosotros. Sin embargo, ese pensamiento es exactamente lo que necesitamos tener si vamos a convertirnos en un puente para que los jóvenes de edad universitaria ingresen a la vida de la iglesia.

En mis años de trabajar en el ministerio de edad universitaria, he encontrado siete áreas de enfoque que son esenciales para que la integración real se lleve a cabo. Son la clave para ayudar a los jóvenes universitarios a cultivar una actitud positiva hacia ser parte de la comunidad cristiana. No cuestan nada. No demandan de un gran equipo de trabajo o incluso un ministerio grande. Cualquier iglesia, cualquier contexto, puede usar esta lista para motivar a los jóvenes de edad universitaria hacia un compromiso activo con el cuerpo de Cristo.

REDEFINIENDO LA IGLESIA

La mayoría de nosotros estaría de acuerdo con que la iglesia son las personas, no los edificios. ¿Pero nuestros ministerios reflejan esa creencia? ¿Cuándo hablamos acerca de conectar a la gente con la iglesia, qué queremos decir? Como líderes, nos frustramos por la mentalidad de consumidor tan penetrante en las iglesias. Pero la verdad es, que nosotros la creamos. Piensa en la forma en la que describes tu ministerio o iglesia. Cuando la mayoría de las personas habla acerca de sus iglesias, hablan acerca de los programas que ofrecen, los servicios que proveen. Su mensaje debajo de eso, es que tenemos un producto que promover, y tenemos que venderlo con tantas campanas y silbatos como sea posible.

Si queremos que las personas de edad universitaria participen en la vida de la iglesia, entonces tenemos que cambiar la forma en la que hablamos acerca de la iglesia. La iglesia es la gente de todas las edades, no los programas o edificios (1 Pedro 2:4-10). La iglesia se compone de los hijos de Dios que buscan imitarlo en todas las formas (Efesios 5:1). La iglesia se trata de personas buscando la reconciliación con Dios (Efesios 2:11-22) y el uno con el otro (Efesios 4:3).

Cuando definimos a la iglesia por los programas que ofrecemos, el involucramiento significa un poco menos que moverse de un tipo de evento a otro, de un salón de jóvenes a otro salón de jóvenes. Los jóvenes de edad universitaria necesitan, y quieren, mucho más. Quieren ser parte de algo significativo, algo real, algo duradero. Ellos quieren ser parte de la iglesia.

IGNORANDO LOS NÚMEROS

Yo sé que algunas personas leen lo que digo acerca de los programas o eventos y piensan: ¿y los grandes ministerios con bandas, luces, videos y grandes parlantes? Algunos de estos ministerios tienen cientos de jóvenes en edad universitaria que asisten a ellos. ¡No puedes decir que lo que están haciendo no es efectivo!

En realidad, sí puedo. Voy a tratar de ser diplomático aquí, pero la realidad es esta, me pongo emocionado acerca de este tema.

Encuentro que las personas tienden a estar de acuerdo conmigo acerca de que los programas no deben ser nuestro enfoque, en teoría. Pero caminar a través de las implicaciones de esa afirmación es la hora de la verdad. Tener la asistencia numérica como la medida de la efectividad va de vuelta al mensaje de que la iglesia es sus programas. Pero de hecho, cuando nuestro ministerio estaba en su máxima asistencia, éramos también los menos efectivos.

Mientras que es verdad que los ministerios saludables y efectivos tienden a crecer más que a morir, yo no creo que el crecimiento numérico sea la mejor medida de la efectividad. La mentalidad de "si un poco es bueno, entonces más debe ser mejor", no es bíblica, es cultural. Es puramente una manera de pensar norteamericana. Y es repulsiva a los jóvenes de edad universitaria. Se sienten como una mercancía, un cuerpo en un asiento. Más que nada, ellos quieren ser importantes, tener un sentido de identidad y propósito. Enfocarse en números les dice que son solo eso, un número. Es una mentalidad que se introduce en el corazón del ministerio de edad universitaria.

LIDERAR A TRAVÉS DEL SERVICIO

El servicio es uno de los distintivos del ministerio de edad universitaria, pero no el tipo de servicio que se te puede venir a la mente. En lugar de tratar de conectar a los jóvenes a la iglesia al hacer que sirvan, los líderes tienen que enfocarse en servir a los jóvenes de edad universitaria. En tantas maneras, los jóvenes universitarios son los "pobres de espíritu". Están estresados, solitarios, con incertidumbre y buscando el sentido de quiénes son y qué podrían significar sus vidas. Ellos necesitan a personas que se preocupen por todos esos asuntos.

Servir a los jóvenes en edad universitaria se trata de mostrarles que nos importan. Hacemos eso al estar disponibles cuando quieren hablar; al invitarlos a tomar café solo para ver cómo están; al tomar un activo y genuino interés en sus vidas. Caminar y pastorear a las personas es de lo que se trata el liderazgo de la iglesia. Vendrá un momento cuando los jóvenes de edad universitaria querrán servir a otros, pero necesitan tomar esa decisión por sí mismos. No la podemos tomar por ellos.

PROMOVER LA UNIDAD

Un sentido de conexión y unidad, en especial unidad transgeneracional, es crucial para la integración. Un ministerio de edad universitaria nunca puede sentirse como una isla en sí mismo. Como líderes, necesitamos continuar hablando acerca de maneras en las que nuestro ministerio fluya en la vida de otros en la iglesia y viceversa. Necesitamos hacer esas conexiones como recordatorios a nuestros jóvenes universitarios, pero también debemos hacerlas como recordatorios a otros equipos de trabajo de la iglesia.

Tú podrías no estar en una posición para influenciar la manera en la que otros líderes manejan sus ministerios, pero ciertamente puedes defender la tuya. Mantente presionando el mensaje de que todas las personas, desde el niño más joven hasta el adulto más anciano, necesitan sentir que son una parte esencial de la iglesia. Cada grupo de edad tiene un rol importante en la vida de una iglesia, y es el trabajo de los líderes asegurarse de que las personas sepan cuáles son sus roles.

En lugar de separar siempre a las personas por sus diferencias, las iglesias deben celebrar la unidad que tienen como creyentes. Conceptos como "gran iglesia" solo sirven para dividir a las personas e insinuar que algunos grupos de edades son más valiosos que otros. Incluso si no puedes hacer mucho por la estructura general de tu iglesia, puedes recordarles a otros líderes el rol importante que juega tu ministerio en la vida de la iglesia.

También puedes ayudar a construir un sentido de unidad al fomentar la continuidad entre varios ministerios basados en etapas por edad. Los líderes del ministerio en tu iglesia necesitan verse a sí mismos como parte de algo más grande, como parte de un equipo, cediendo a las personas en las que han invertido a otros líderes en los que confían. Tú puedes ayudar a desarrollar esta sensibilidad en tu equipo al incluirlos en tu ministerio de varias maneras.

En nuestro ministerio, invito a otros equipos a pasar tiempo con nosotros de vez en cuando. Trato de exponer las fortalezas de estos miembros, así que aquellos que son grandes maestros son invitados a enseñar, aquellos con grandes ideas vienen a un tiempo de preguntas y respuestas, aquellos a los cuales es maravilloso conocer los incluyo en una de las cenas en mi casa. Siempre se les anima a invitar a un joven universitario a tomar café o a unírsenos en un retiro. Ellos no tienen que ofrecer liderazgo, solo amistad y un camino más para que nuestra gente pueda conectarse con la vida de la iglesia.

Traer a otros ministerios al nuestro permite a los jóvenes de edad universitaria ver y conocer los corazones de otros en la iglesia. Esa exposición les da un mejor sentido de la profunda misión de la iglesia en sí misma, al hacer más natural para ellos el integrarse a la vida de la congregación. También permite al personal de la iglesia ver y entender el crecimiento, pasión y deseo en nuestros jóvenes de edad universitaria. Una vez que lo hacen, me encuentro que personas de los otros ministerios empiezan a acercarse de manera personal e intencional. Y cuando ese acercamiento sucede, la integración es lo que sigue.

CULTIVANDO LA MENTORÍA

En el capitulo 11, hablé acerca del importante rol que los voluntarios adultos juegan en el ministerio de edad universitaria. Pero los jóvenes universitarios también necesitan tener relaciones de mentoría con personas mayores. En varias formas, ser un mentor es mucho una parte de lo que significa ser voluntario en nuestro ministerio de edad universitaria. Pero algunos adultos se niegan a la idea del voluntariado, suena como si van a estar acomodando sillas durante los próximos cinco años. La mentoría le permite a los adultos conectarse con los jóvenes universitarios en una forma más personal, creando el tipo de conexiones que llevan a la integración.

La mentoría no tiene que ser una organización formal: he encontrada que la mentoría más efectiva sucede cuando los jóvenes no se dan cuenta que están siendo monitoreados. Todos los años nuestra iglesia tiene un retiro para hombres en casas flotantes, y usualmente intento conseguir que un grupo de jóvenes universitarios asistan. El plan es que los chicos monten tablas de esquí acuático y motos acuáticas y solo pasar el tiempo por un largo fin de semana. A cada bote se le entrega una cierta cantidad de comida, y el capitán es responsable de asegurase que las comidas son cocinadas por toda la tripulación. Este año me aseguré de que el bote de lo jóvenes universitarios tuviera un poco menos de comida y estuviera anclado junto a un bote de jóvenes mayores quienes sabía serían mentores geniales. Trabajé con el capitán de los jóvenes mayores para hacerle saber lo que planeaba. Aprovisionamos su bote con comida extra, sabiendo que los hambrientos vecinos universitarios se acercarían flotando por algunos bocadillos en poco tiempo. Y ciertamente, en la primera tarde, los hombres ofrecieron su comida adicional a los jóvenes e incluso se ofrecieron a cocinarla para ellos.

Esta estrategia fue extremadamente efectiva y fue un catalizador mayor para construir relaciones naturales. Existe una línea delgada entre liderazgo y manipulación, pero en este caso, funcionó... ¡y funcionó bien! El punto es hacer lo mejor que podamos por colocar a las personas en proximidad el uno con el otro y orar para que las relaciones sucedan naturalmente.

ENFOCARSE EN LOS JÓVENES NUEVOS

Si realmente quieres que tus jóvenes universitarios vuelvan a ser parte de la vida de la iglesia, tienes que saber cuándo echarlos. Esta idea puede ir en contra de todo de todo lo que crees acerca del ministerio, pero es solo una manera más en la que el ministerio de edad universitaria le da vuelta a la sabiduría convencional de arriba hacia abajo.

En la mayoría de los modelos de ministerio quieres construir relaciones al principio y seguir fortaleciendo esas relaciones a través del tiempo. Es muy sencillo empezar un ministerio con recién graduados del colegio, acercarse a ellos y permanecer enfocado en ellos mientras envejecen. El problema es que terminarás alejando a los futuros graduados del colegio. La integración no se trata solo de hacer que los jóvenes universitarios vuelvan a la iglesia, sino de mantener a los graduados de colegio comprometidos desde el inicio. Si un ministerio de edad universitaria es desviado hacia las necesidades de aquellos en el extremo más viejo del rango de edad, perderás a aquellos en el extremo más joven. Y si el extremo más joven no se involucra, muy pronto no existirá extremo mayor.

Enfocarse en los universitarios más jóvenes también permite que los veinteañeros se sientan mayores, un componente necesario de la integración. Si no se sienten tan mayores para el grupo de edad universitaria, entonces la asimilación va a ser difícil. Queremos que nuestros jóvenes universitarios mayores vean de dónde han venido, para que sepan que ya no están ahí, y que quieran tomar el siguiente paso que los lleva por completo a la vida de la iglesia.

Este elemento de integración, sin embargo, no va a funcionar a menos que estemos enfocados en los otros elementos también. Si alguien empieza a sentirse mayor pero no hemos hecho nuestro trabajo al conectar al joven con creyentes mayores, entonces lo único que hemos hecho es prolongar su sentido de desapego. Si una persona de edad universitaria deja nuestro ministerio y todavía no tiene un sentido de pertenencia o de ser vital para la iglesia, entonces la hemos dejado en peor condición que en la que la encontramos.

CREYENDO EN NUESTRO MINISTERIO

Muchos de los líderes del ministerio de edad universitaria con los que hablo tienen la misma frustración, pues ellos simplemente no están atrayendo a muchas personas. Incluso si la baja de asistencia no los molesta, ellos a menudo trabajan con un pastor general o le responden a un concilio de ancianos que quiere ver cantidades. Yo sé que puede ser desalentador poner tanto tiempo y pasión en algo, para que solo diez personas estén ahí para demostrar tu esfuerzo. Pero como he dicho tan menudo en este libro, el ministerio de edad universitaria no puede tratarse acerca de números. Tiene que ser acerca de las personas.

Si solo te llevaras una cosa de este libro, entonces espero que sea esto. No te preocupes acerca de cómo conseguir que más gente asista a un evento o reunión, solo pasa tiempo uno a uno con aquellos que estén ahí. Si las personas con autoridad sobre ti no entienden ese enfoque, dales este libro. Si sigues enfrentando presión para obtener números altos en un evento semanal, entonces deja esa iglesia y continúa discipulando a las personas con la que estás conectado. No estoy bromeando. Vete. Nunca serás capaz de lograr lo que necesitas en ese contexto. Y si te rindes y tratas de desarrollar un ministerio basado en un programa, este al final fracasará de cualquier manera.

No sé cómo llegamos al punto donde la cantidad de personas que asisten a un evento determina si un ministerio es exitoso o no. ¿Sabías qué la mayoría de los eruditos dicen que la iglesia en Tesalónica estaba compuesta posiblemente de cincuenta personas? Sin embargo, mira lo que dice Pablo de esa iglesia:

> "Siempre damos gracias a Dios por todos ustedes cuando los mencionamos en nuestras oraciones. Los recordamos constantemente delante de nuestro Dios y Padre a causa de la obra realizada por su fe, el trabajo motivado por su amor, y la constancia sostenida por su esperanza en nuestro Señor Jesucristo. Hermanos amados de Dios, sabemos que él los ha escogido, porque nuestro evangelio les llegó no sólo con palabras sino también con poder, es decir, con el Espíritu Santo y con profunda convicción. Como bien saben, estuvimos entre ustedes buscando su bien. Ustedes se hicieron imitadores nuestros y del Señor cuando, a pesar de mucho sufrimiento, recibieron el mensaje con la alegría que infunde el Espíritu Santo. De esta manera se constituyeron en ejemplo para todos los creyentes de Macedonia y de Acaya. Partiendo de ustedes, el mensaje del Señor se ha proclamado no sólo en Macedonia y en Acaya sino en todo lugar; a tal punto se ha divulgado su fe en Dios que ya no es necesario que nosotros digamos nada" (1 Tesalonicenses 1:2-8, NVI).

Pablo alaba la profunda fe de esta iglesia, pero desde una perspectiva actual, no le daríamos importancia a la misma. Ciertamente no invitaríamos al pastor a nuestras conferencias y no compraríamos sus libros. Él sería considerado un fracaso por su diminuta congregación.

Si vamos a comprometer e integrar a los jóvenes de edad universitaria a la vida de nuestra iglesia, debemos enfocarnos en ellos como individuos. Ellos no son números o unidades potenciales de ofrendar; ellos son nuestros hermanos y hermanas en Cristo. Cuando pasamos tiempo guiando a jóvenes universitarios a conclusiones espiritualmente maduras en asuntos como identidad, intimidad, significado, placer y verdad, entonces hemos hecho nuestro trabajo. Si nunca asisten a un evento, está bien. Si el único ministerio "formal" que tienes es invitar a algunos jóvenes universitarios a cenar una vez a la semana, aún estás siendo fiel. No necesitas hacer nada más. Solo mantente caminando junto a los jóvenes e invirtiendo en su fe. Si te mantienes enfocado en esta misión, los verás atravesar sus años posteriores al colegio, una de las más retadoras, alteradoras y extraordinarias etapas de la vida.

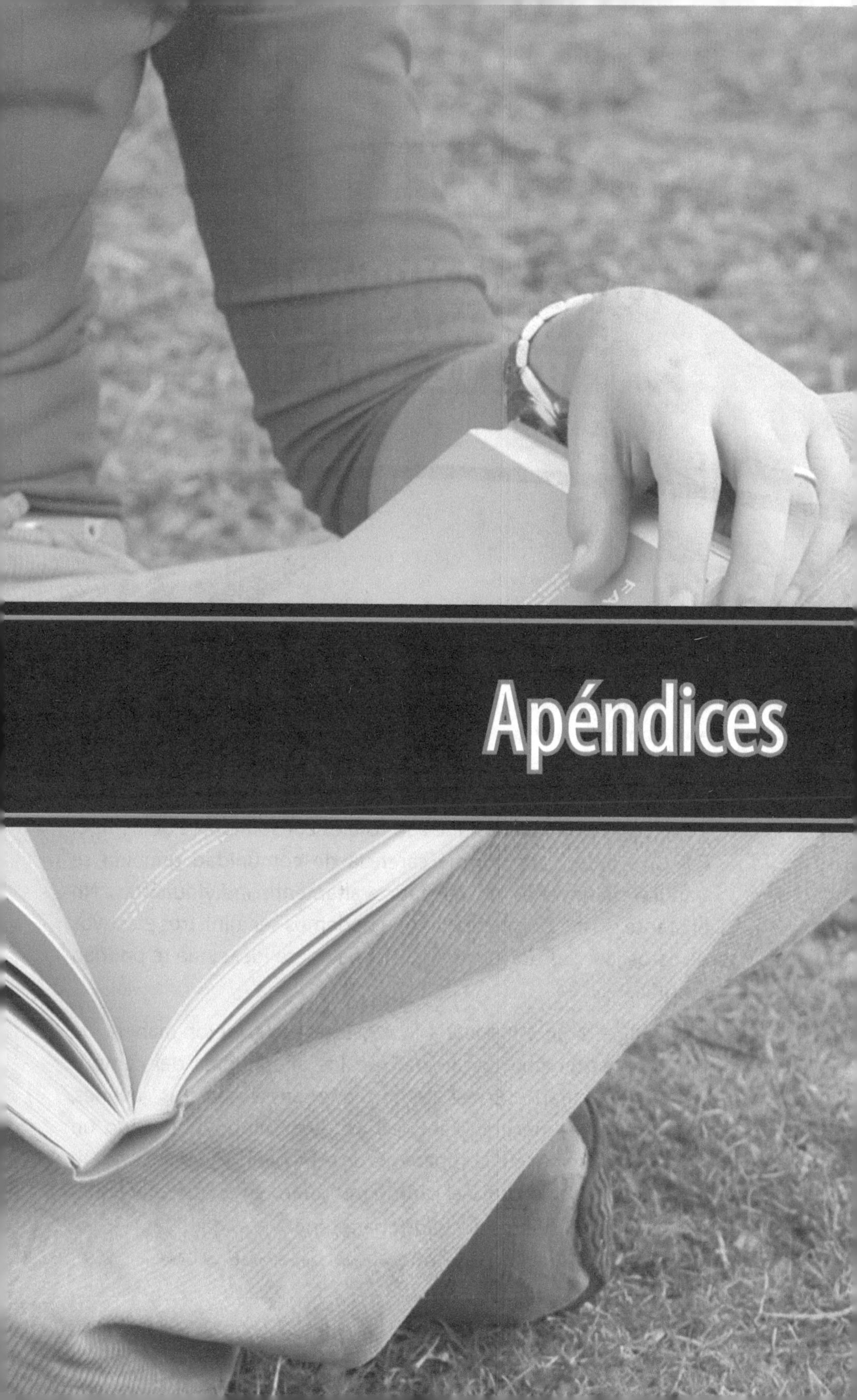

Apéndices

APÉNDICE A

TRABAJANDO EN LAS CERCANIAS DE LA UNIVERSIDAD

Alcanzar jóvenes en los alrededores a un campus universitario puede ser una enorme y desalentadora carrera. Los jóvenes universitarios poseen la tendencia de permanecer en estos lugares estrictamente por sus estudios y no para divertirse o socializar, además de que la mayoría de ellos tienen trabajo o familia. La carencia de socialización en el campus provoca construir relaciones y compartir con jóvenes que son totales consumidores de tiempo. Por otra parte, esta misma carencia de comunidad también se traduce en jóvenes universitarios altamente individualistas. No obstante existen formas en las que podemos ser ministros efectivos de estos jóvenes universitarios. Acá hay siete ideas que te podrían ser útiles:

1. Impacta un estudiante a la vez: Esta es la mejor manera de construir una comunidad en los alrededores del campus universitario. En el tiempo que pasas con tus jóvenes, invierte una gran cantidad de este tiempo cultivando un corazón por sus compañeros de la facultad. Ayúdales a ver su universidad como el campo misionero en el que ellos están especialmente adecuados para servir.

Nota: Este apéndice trata de los campus universitarios comunes en la cultura estadounidense.

2. **Limita los eventos a media hora:** Los universitarios generalmente son extremadamente activos y no tienen el deseo de estar involucrados en más actividades dentro del campus. Es por esto que invitarlos a un pequeño estudio bíblico durante su hora de almuerzo o reunir un grupo para tomar un café a media mañana en alguno de los recesos puede ayudarles a conocer a otras personas sin sentir alguna presión por el tiempo.
3. **Considera servir a los jóvenes:** Llevar café o chocolate caliente en los días fríos o una soda bien fría y agua en los días calurosos. Limpiar los parabrisas de sus autos mientras ellos están en clases y dejar una nota debajo de las escobillas explicándoles por qué lo hiciste. Compartir un café en la época de finales. Estos pequeños actos de bondad son excelentes formas de capturar la atención de jóvenes extremadamente ocupados.
4. **Asiste a una clase:** Esto podría parecer extraño al inicio, pero asistir a una clase puede ser una gran oportunidad de conocer algunos jóvenes dentro del campus. La mayoría de las universidades que están alrededor de algunas comunidades tienen muchísimos adultos o personas mayores asistiendo a estas clases, entonces no te preocupes por llegar a sentirte fuera de lugar. Las clases de filosofía o religión son un lugar ideal donde comenzar. Las facultades generalmente imparten clases tituladas: "Hombre, Naturaleza, Dios". Estas lecciones están mayormente orientadas a ser clases de discusión y pueden ser una manera muy ingeniosa de crear contactos con jóvenes que están interesados en algún tipo de conexión espiritual. Y quién sabe, ¡podrías aprender algo nuevo también!

5. **Conéctate con los profesores de filosofía:** Muchos de estos profesores invitan a sus lecciones a personas que practican o pertenecen a diferentes sistemas de creencias para conversar acerca de un problema en particular y ellos podrían extenderte alguna de estas invitaciones. Ten presente que no debes usar este tiempo para reclutar personas para tu ministerio. Puedes darte a conocer a los jóvenes como alguien que está interesado en explorar la fe y pensamientos de una manera profunda. Si ellos están interesados en lo que dijiste ellos te preguntarán cómo podrían aprender más.
6. **Organiza un club:** No te recomendaría comenzar un club "cristiano". Los clubes o grupos cristianos tienden a tener un gran estigma sobre ellos. Pero un club de discusión sobre temas como justicia social, tráfico de personas o uno de servicio comunitario pueden ser un medio muy efectivo para conocer personas ansiosas de comprometerse con estas causas desde una perspectiva de la fe.
7. **Conoce las facilidades del personal:** ¡Los empleados tiene llaves para todo! Estos contactos realmente podrían ayudarte cuando necesites un lugar para alguna de tus reuniones o un espacio tranquilo para orar.

APÉNDICE B

TRABAJANDO EN UNA CIUDAD UNIVERSITARIA

Hacer ministerio en un contexto en donde la mayoría está compuesta por universitarios abre una puerta a muchas y fantásticas oportunidades pero también la abre a algunos serios desafíos. El más grande de los desafíos es la sensación de competencia entre tu ministerio universitario y la iglesia local. Para mí, esta falsa competencia mina negativamente ambos ministerios al tener una filosofía de ministerio enfocada en programas o actividades. Cuando todo el mundo sale a construir su propio programa es cuando la competencia aparece. Pero, si estamos enfocados en el discipulado y en la asimilación, no existe un motivo por el que la iglesia no pueda complementar el trabajo que hacen todos estos ministerios universitarios.

La mejor vía para poner un punto final a este sentido de competencia es sirviendo dentro de estos ministerios. Más allá de duplicar esfuerzos, es mucho más inteligente el unir fuerzas, permanecer unidos apoyándose el uno al otro con sus recursos. Acá tengo ocho maneras que te ayudarán a construir un puente para unir el gran abismo que separa a la iglesia local y a los ministerios universitarios, de esta manera ambos podrán tener un mayor alcance en la gente universitaria:

1. Examina tu corazón: Trabaja en cualquier amargura o competencia que has estado sintiendo. No tienes que estar de acuerdo con todo lo que hace un ministerio en particular, pero al menos, tú debes ser la persona que busca la unidad con estos ministerios. Si no eres capaz de superar la competencia, amarguras personales o juicios, no necesitas leer más o intentar unir la brecha. No llegarás a ninguna parte si comienzas con las motivaciones equivocadas.
2. Reúnete regularmente con el líder del ministerio universitario: Compartir a la hora del café o almorzar juntos pueden ser excelentes oportunidades para construir una relación genuina. Pregúntale cómo puedes orar por su ministerio. Ofrécele tu apoyo sin esperar nada a cambio. Para la mayoría, esto les será de mucho significado.
3. Ofrece las facilidades de tu iglesia: Déjales saber que son bienvenidos a utilizar los espacios de tu iglesia sin costo alguno, para cualquier actividad que necesiten o deseen hacer. Proveerles de tus servicios ayudará a derribar cualquier muralla que ellos pudieran tener. Y sí, esta sugerencia hará que muchos universitarios se acerquen a tu iglesia y tengan curiosidad de saber qué es lo que está pasando, pero esta posibilidad no puede ser tu motivación. Esta invitación es para servir ministerios universitarios no para construir el tuyo.
4. De ser posible, ofrece ayuda al ministerio financieramente: Seguramente te encontrarás en la disposición de destinar una parte de tu presupuesto (¡si es que tienes uno!) a uno de estos ministerios universitarios. Generalmente estos

ministerios se sostienen por medio de recaudación de fondos personales, por lo que un poco de ayuda económica en alguno de sus eventos será siempre muy apreciado. Por otra parte, si conoces de alguna actividad que ellos realizan para sostenerse económicamente, como lavar autos, no dudes en ayudarlos. Estos pequeños gestos te ayudarán a construir la confianza y unidad entre ustedes.

5. **Pídele consejo al líder para tu ministerio:** Existen miles de oportunidades, los líderes universitarios poseen una gran visión sobre la vida universitaria y los problemas que los jóvenes deben enfrentar y han desarrollado una filosofía de ministerio que conoce estas necesidades. No hay razón de competir cuando se trata de servir a los jóvenes universitarios. Ellos necesitan toda la atención y dirección que puedan tener.
6. **Une fuerzas en eventos de alcance masivo:** Trabaja en conjunto con estos ministerios en sus eventos de gran alcance, ya sea pegando carteles, repartiendo volantes, asistiendo a las reuniones de planeación, prestándoles un equipo de sonido o simplemente permitiéndoles utilizar la fotocopiadora de tu iglesia, ¡una ayuda extra siempre será bienvenida en estas actividades!
7. **Pon en contacto a personas mayores de tu iglesia con el ministerio universitario:** Muestra a los jóvenes universitarios que es beneficioso para sus vidas tener presentes creyentes con más años en la fe para establecerse en una iglesia local. Aun si ellos no llegaran a tu iglesia es muy probable que les hayas provisto de una experiencia que los hará sentirse más cómodos en cualquier lugar que ellos se establezcan. Tu papel puede ser exponerlos al cuerpo de la iglesia para que vivan más allá de su campus universitario. ¡En mi mente este es un ministerio fenomenal!

8. Considera ser mentor de un líder de ministro universitario: Muchos de estos ministerios están conformados por personas que están a punto de salir de la universidad y que podrían apreciar el aprender de tu experiencia. Una vez que hayas ganado la confianza del líder del ministerio, pregúntale si tener un mentor le sería útil, y de ser así has que sea una realidad.

APÉNDICE C

"TODOS MIS JÓVENES SE MARCHAN A LA UNIVERSIDAD"

Conozco una cantidad de pastores juveniles interesados en un ministerio para universitarios pero no tienen jóvenes a quién puedan ministrar. Ellos me dicen que todos sus jóvenes en secundaria dejan la ciudad después de su graduación, dejando a estos pastores inseguros de cómo mantenerse en contacto (esto es particularmente en el contexto de los Estados Unidos). Para ayudarte en esta situación, he encontrado 10 estrategias efectivas para mantenerte en un ministerio continuo con jóvenes fuera de la cuidad:

1. **Acompaña a tus jóvenes de secundaria a una visita al campus universitario:** Tú puedes acompañarlos a una visita exploratoria o en su día de mudanza. En cualquiera de los dos casos, les demostrará que no los están abandonando. En vez de eso les mostrará que estás emocionado por la nueva etapa que están por comenzar, que quieres ser parte de ella y que estarás ahí para apoyarlos. Confía en mí, si te involucras esto te dejará la puerta abierta para una relación. También podría ser de gran valor utilizar una parte de tu presupuesto (si tienes uno) para

sus gastos de viaje. Mientras estás en el campus reúnete con algunos pastores de la zona para conocer qué tipo de apoyo podrían ofrecerle a tus jóvenes. Luego déjale saber a tu joven universitario qué opciones hay para participar en la iglesia.

2. **Levanta el teléfono:** Si no te es posible viajar hasta su universidad, arregla citas telefónicas con tus jóvenes o con pastores de jóvenes universitarios de las iglesias en el área. Habla con ellos acerca de la filosofía del ministerio, de cómo buscan que los jóvenes participen de su iglesia, y así sucesivamente. Establecer este tipo de relaciones sentará las bases para tu joven universitario. Después de conocer pastores y posiblemente escuchar algunas transmisiones desde internet, podrías estar capacitado para recomendarle alguna iglesia. Después dale seguimiento para saber cómo van las cosas y si se dio o no algún contacto entre ellos. Tener tu ayuda y estar a su lado durante todo este proceso significará mucho más de lo que te puedas imaginar.
3. **Crea un grupo en alguna red social específicamente para graduados de tu iglesia:** haz que este grupo se extienda solamente por invitación. De esta manera podrás publicar cosas personales, enviar mensajes y mantenerte informado de lo que sucede en la vida de tus graduados. Esta red social puede también ser un medio para que tus jóvenes estén en contacto entre ellos. También puedes utilizarla para organizar actividades durante las vacaciones cuando ellos estén de regreso en tu ciudad y así involucres a todos.
4. **Presta atención a las fechas importantes de su año lectivo, especialmente exámenes finales:** Asegúrate de llamar a tus jóvenes en estas fechas para que ellos sepan que estás orando por ellos. Si te es posible envíales paquetes con cupones para ir al cine o certificados de regalo de los restaurantes de la zona. Es un pequeño detalle que tendrá un gran significado.

5. **Envíales paquetes de parte de toda la iglesia:** Para ti puede ser una cosa enviar un paquete. Pero para los jóvenes recibir un paquete de parte de su familia espiritual es algo que representa mucho más. Recibir algún dinero para sus gastos, jabón para lavar la ropa o cupones de comida rápida puede asegurarle a tus jóvenes que aún son amados y recordados por su congregación.
6. **Crea un blog (sitio web) para graduados:** Tú puedes escribir acerca de lo que has estado pensando o subir los sermones que se han dado en tu iglesia. Mantenerles informados de las cosas nuevas que están sucediendo, hasta podrías tener un pequeño grupo de jóvenes que se repartan las responsabilidades para mantener el sitio actualizado. Uno de los elementos más efectivos de un sitio web es la posibilidad de tener viejos creyentes de nuestra iglesia que escriban mensajes regularmente para este sitio. Ellos pueden escribir sobre las oraciones que han hecho por los jóvenes universitarios o incluso podrían compartir algunas de sus anécdotas en sus días de universidad. Sin tomar en cuenta cómo uses tu sitio web, es una excelente manera de estar en contacto.
7. **Organiza una reunión informal durante las vacaciones:** Solamente tener una fiesta de patines u organizar una barbacoa en casa de alguien es suficiente. No confecciones invitaciones o planees un gran evento. Haz algo sencillo donde ellos tengan el chance de reencontrarse.
8. **Sugiéreles visitar www.LiveAbove.com :** Este ministerio trata con más de 4000 campus y más de 1000 bases militares. Ellos han compilado una base de datos de jóvenes graduados de secundaria de todas partes del mundo que están en la universidad y quieren establecerse en una iglesia local.

Ministerio Universitarios (o iglesias en general) pueden registrarse de igual manera y obtener información de los jóvenes que llegarán a su área. Una vez que tu universitario haya encontrado una iglesia, haz la pequeña tarea y averigua qué tipo de iglesia es. Si encuentras algo que te preocupa, dile tus preocupaciones, sin embargo, yo he encontrado que este sitio es una gran herramienta para jóvenes que quieren ubicarse en una iglesia durante sus años de universidad.

9. **Ayúdales a involucrarse en un ministerio universitario dentro del campus:** Los grupos cristianos dentro del campus universitario son una buena vía para asegurarte que ellos tendrán un camino inmediato para relacionarse con otras personas. Si ellos no relacionan pronto después de haber entrado a la universidad, tal vez no lo lleguen a hacer nunca. Llama a la persona que lidera el ministerio y déjale saber que algunos de tus jóvenes ingresarán a su universidad. Déjales saber a tus jóvenes que te preocupas lo suficiente por ellos como para asegurarte de que ellos estarán involucrados. Si está en tus posibilidades, contacta al líder del ministerio con tus jóvenes, ya sea por correo electrónico, teléfono, una página web o en persona.

10. **Llama, envía un mensaje de texto o correo electrónico frecuente y aleatoriamente:** Mejor aún, pídele a otras personas que hagan lo mismo. Invita a algunas personas que le conocen a averiguar cómo está y preguntarle de qué manera pueden orar por él o ella en una semana particular. El simple hecho de saber que alguien está pensando en ellos puede realmente ser un aliento para jóvenes que están estudiando lejos de casa.

Es importante recordar que muchas de estas cosas no toman mucho de nuestro tiempo, pero hará crecer grandemente nuestra relación con los jóvenes que se irán a vivir lejos. Casi cada estudiante universitario se enfrenta ante sentimientos de soledad y desprendimiento. Así que, una llamada ocasional, un mensaje de texto o un paquete de tu parte, sin mencionar tus esfuerzos por ayudarlos a entrar en contacto con ministerios cristianos en su universidad, les permitirá saber que no están solos y que hay alguien allá afuera que les ama.

APÉNDICE D

UTILIZA ESTE LIBRO EN UN RETIRO DE LIDERAZGO

Con suerte habrás llegado al final de este libro con tu cabeza llena de preguntas y pensamientos sobre tu ministerio de jóvenes en etapa universitaria. Yo te motivo a usar las ideas que has leído en este libro como tu punto de partida en tu siguiente retiro de liderazgo. Realmente cava dentro de la teología y la ideología detrás de lo que tú has estado haciendo y lo que esperas hacer de aquí en adelante. Tú puedes usar este libro en un sin número de formas, pero te daré 10 sugerencias para comenzar:

1. **Habla acerca de las razones por las que los universitarios llegan a ser separados y desligados de la iglesia:** ¿Qué factores están jugando en tu iglesia? Como equipo, conversa sobre las maneras en que su ministerio puede dirigirse a estos factores. ¿Cuáles son los obstáculos que podrían estar en su camino? ¿Cómo podrían superar estos obstáculos como equipo?
2. **Piensa en lo que la asimilación significa para ustedes:** ¿Por qué es esto una meta esencial en un ministerio universitario? Haz una lista de formas prácticas con las que tu ministerio puede estar enfocado en esta meta. Probablemente, necesitarán

rehacer mucho de lo que han estado haciendo para que la asimilación sea posible. Asegúrense de hablar sobre aspectos de su mentalidad o ministerio que podrían estar minando una verdadera asimilación.

3. **Ve a través de las diferentes etapas de la formación de la identidad discutidas en el capítulo 2:** Utilizando una pizarra, enlista los cinco tipos: SUSTITUTO, FLOTADOR, EXPLORADOR, FABRICANTE DE TIENDAS, TEÓLOGO. Discute cada etapa y enlista a las personas de tu ministerio y en cuál etapa podrían estar relacionados. Ora específicamente por ellos y habla acerca de cómo puedes ayudar a cada uno(a) llega a ser un teólogo.
4. **Habla acerca de la búsqueda de significado en la etapa universitaria:** Discutan sobre las partes saludables y las que no lo son de este proceso. Luego, piensen sobre las personas en tu ministerio. ¿En qué lugares es que están encontrando significado? ¿Qué puedes estar haciendo en tu ministerio para ayudarles a encontrar significado en su relación con Dios?
5. **Discute cómo la búsqueda de placer está impactando tu ministerio:** ¿Está tu ministerio, sin querer, de alguna manera reforzando el egoísmo en la gente universitaria? ¿Cómo puede tu ministerio estimular a los universitarios a la disciplina y autocontrol a través de su relación con ellos?
6. **Habla sobre lo que el liderazgo es para los universitarios:** ¿Qué es lo que ellos necesitan de tu equipo? ¿Qué pueden enseñarle a tu equipo? Conversen sobre cualquier tensión que estén atravesando como equipo. La gente universitaria detecta conflictos desde lejos y ellos necesitan ver cómo es que ustedes enfrentan sus propios problemas.
7. **Determina si tu ministerio está enfocado en programas o enfocado en relaciones:** Piensen en sus respuestas para este punto, ya

que la mayoría de las veces nos convencemos a nosotros mismos de que nuestro ministerio está enfocado en las relaciones cuando verdaderamente se enfoca solamente en números. Discutan sus motivaciones como líderes, ¿están realmente enfocados en las personas o en las actividades? Guía a tu equipo a ser honestos entre ustedes en cuáles son las verdaderas motivaciones de cada uno. Si es que son las actividades, encuentren los caminos en los que pueden estar más intencionalmente enfocados en las personas.

8. **Revisa cuál ha sido el tipo de enseñanza que has estado impartiendo:** ¿Están acaso cayendo en el legalismo o están guiando a sus universitarios hacia un mayor entendimiento de la gracia? Piensa en problemas señalados en el capítulo 9. ¿Cuáles son los supuestos en los que están fundamentando sus enseñanzas? ¿Cómo puede tu equipo ayudar a los jóvenes a comenzar a sumergirse dentro de un pensamiento mucho más profundo de su fe?
9. **Invierte tiempo hablando acerca del capítulo 11:** Dale a tu equipo la oportunidad de compartir sus experiencias como voluntarios. ¿Qué es trabajar? ¿Qué no lo es? ¿Qué necesita tu equipo para estar motivado y enfocado en el ministerio?
10. **Reúne una lista de personas adultas que serían excelentes mentores para gente universitaria:** ¿Qué cosas podrían hacer para que estas personas entren en contacto con los jóvenes? Después toma tiempo para hablar sobre como definirá tu ministerio "la asimilación". ¿Qué es lo que parecería asimilar exitosamente universitarios dentro de la vida eclesiástica?

APÉNDICE E

SIETE RAZONES PARA NO TENER UN MINISTERIO PARA UNIVERSITARIOS

(Y por qué no deberías permitir que éstas te detengan)

Yo encuentro que líderes de iglesias que actualmente no tienen un ministerio para universitarios traen siete temas a colación. Si en este momento estás enfrentándote ante la oposición en tu iglesia, entonces yo te insto a hablar sobre estos temas con quienes objetan o dales esta lista que destruye los argumentos en contra de los ministerios universitarios:

1. Hay muy pocos jóvenes de estas edades alrededor: Cuando yo comencé haciendo un ministerio universitario, todo lo que tenía para trabajar era una lista de seis nombres. ¡Seis! Ciertamente la necesidad sería mucho más grande que esta pequeña lista sugerida, así que manejé por la ciudad para tener una noción de cuántos universitarios podrían andar por ahí. Manejé durante horas y difícilmente vi algún estudiante de secundaria, mucho menos jóvenes universitarios.

No tenía la menor idea de por qué esta iglesia me había traído aquí para comenzar este ministerio. Pero ese era mi trabajo, así que llamé a esas seis personas y las invité a una barbacoa en mi casa. Nueve personas se presentaron. Comenzamos un estudio bíblico los jueves por la noche y antes de que lo supiéramos jóvenes universitarios comenzaron a llegar de la "nada". Si nuestro crecimiento sorprendió a alguien, fue a mí.

El no tener ningún estudiante universitario en la iglesia no debería ser un obstáculo para comenzar un ministerio. Esto debería animarlos a iniciarlo. ¿Cuántos jóvenes de secundaria tendrían en tu iglesia si no tuvieras un ministerio para ellos?

En el comienzo de nuestro ministerio, me di cuenta que muchos de los universitarios que nos acompañaban venían de otras iglesias. Inicialmente yo estaba preocupado por esta dinámica e incluso les decía que volvieran a sus iglesias. Pero comencé a enterarme de que la razón por la que estaban viniendo era porque nosotros teníamos algo específicamente para ellos. La mayoría de las iglesias en nuestra área no estaban haciendo algo al respecto. Yo escuchaba todo el tiempo: "yo vengo aquí porque siento que encajo", o "yo vengo aquí porque realmente encuentro personas de mi edad". Si nosotros les reunimos en el lugar que están, ellos vendrán.

2. **Organizaciones paraeclesiásticas se harán cargo de este grupo:** La iglesia lleva ya mucho tiempo de entregar este ministerio a las organizaciones paraeclesiásticas, y no estoy orgulloso de este hecho. Cada campus principal universitario tiene algún tipo de ministerio u organización para jóvenes, y la mayoría de ellos hacen un buen trabajo en ministrar a los jóvenes. Sin embargo, ellos no hacen casi nada por ayudar a asimilar personas universitarias de vuelta a las congregaciones, lo cual solamente prolonga la separación que ellos experimentan. Ellos dejan sus ministerios universitarios sin haber sido expuestos a los elementos positivos de estar en contacto con la iglesia. Ellos no han sentido la belleza de estar con personas mayores y más maduras

en la fe que ellos, abriendo sus hogares y cuidando de sus vidas.

Estoy agradecido con estos ministerios, pero si la iglesia estuviera haciendo su trabajo, ellos no serían necesarios. El número de organizaciones paraeclesiásticas debería ser una fuerte llamada de atención para los líderes de las iglesias. Hay obviamente una necesidad, y nosotros la hemos ignorado durante mucho tiempo.

3. Será una responsabilidad económica: Permíteme ser claro: no me gusta hablar sobre dinero, especialmente en el contexto de ministerio. Sin embargo, la realidad es que esta es una de las principales razones por las que las iglesias no están persiguiendo un ministerio universitario. Y esta es una verdad: los ministerios universitarios no se pagan por sí solos de la manera en que otros ministerios lo hacen. Este ministerio posiblemente no traerá directamente a más familias o adultos que den dinero a la iglesia. Pero yo creo que un ministerio para universitarios se paga por sí mismo, solo que no directamente.

En nuestras iglesias, el 80 porciento de jóvenes voluntarios en nuestros ministerios son universitarios. No es de extrañarse entonces que entre más fuertes estén estos ministerios de jóvenes, más familias vendrán. (Acá solamente mencioné ministerios de jóvenes, pero ministerios de niños y otros también aplican). Cuando las familias están presentes, entonces hay finanzas. Pero estos voluntarios universitarios están en nuestra iglesia gracias al ministerio para universitarios. El ministerio los trae a la iglesia, ellos se establecen y son discipulados, y luego sirven en ministerios que traen a más familias a la iglesia. Cuando nosotros invertimos en gente universitaria, ellos son recíprocos a la iglesia invirtiendo en ella.

Este ministerio también se paga a sí mismo indirectamente porque se enfoca en la asimilación. Si no hay un ministerio para universitarios no habrá muchos universitarios que involucrar en la iglesia. Y muchos de ellos no volverán. ¿Qué tiene que hacer este escenario con las finanzas? Los jóvenes universitarios podrán por años no aportar directamente dinero dentro de la iglesia entre los 18 a los 25 años de edad, pero si ellos permanecen involucrados, estarán más dispuestos a continuar involucrados en la iglesia cuando estén entre los 26 y los 30 años de edad y ese será el momento en que ellos comiencen a diezmar. En nuestra iglesia, quienes han estado en nuestros ministerios para jóvenes universitarios no solamente diezman ahora sino que también están sirviendo. Por supuesto, el punto no es en cuánto aumentarán nuestras unidades de diezmadores. El punto es que estas personas valen. Ellos merecen nuestro tiempo. Y el dinero no es una legítima razón para evitar ministrarles.

4. La iglesia tiene muchas otras prioridades en este momento: Yo pienso que esta expresión es en realidad un código para decir: "Realmente nunca habíamos pensado en esto antes". Yo sé que muchas iglesias se desarrollan en una especie de crisis administrativa en la cual ya les es casi imposible lidiar con las actividades que ya tienen en frente, mucho menos estarán pensando en comenzar algún nuevo ministerio en medio de todo eso. Pero creo que un ministerio para universitarios podría ayudar a alivianar el estrés de algunos de estos problemas. Si la iglesia actualmente está lidiando por atraer jóvenes de secundaria, el ministerio de universitarios podría dar un sentido a estos adolescentes a que hay un siguiente paso, así ellos tendrán una razón para mantenerse involucrados en lugar de irse. Si ellos saben que habrá alguien que caminará junto a ellos cuando lleguen a la universidad habrá una razón de permanecer cerca.

Digamos que una iglesia tiene un problema con la falta de voluntarios, yo he visto que los universitarios que se sienten comprometidos con la comunidad de la iglesia servirán en ella felizmente. Si el problema es una falta de contacto con adultos, ser mentor de un estudiante universitario es una gran oportunidad para involucrar a estas personas además esto podrá unir la brecha generacional entre ambos. Cualquier iglesia que no pueda crear un ministerio para una necesidad porque tiene otras prioridades necesita revisar amplia y profundamente cuáles son sus prioridades.

5. El pastor de jóvenes ya no tiene tiempo para nada más: la mayor parte de las personas a tiempo completo, o incluso aquellos con trabajos en la iglesia a tiempo parcial, podrían fácilmente ser considerados como sobrecargados, devaluados y mal pagados. Pero la verdad que importa es que, nosotros amamos el mundo de los jóvenes. El ministerio para jóvenes es lo que hacemos y además es lo que somos. Entonces con esto en mente, introduciré un tema que te sorprenderá, especialmente viniendo de un compañero de trabajo: nuestras descripciones de trabajo necesitan expandirse.

Uno de los errores más grandes que comentemos como trabajadores de jóvenes es que tenemos nuestras manos metidas en cada aspecto del ministerio. Esta micro-administración es la que nos roba tiempo que podríamos estar invirtiendo en otras áreas, como un ministerio universitario. Toma un vistazo profundo en el tiempo que usas en cosas que otros podrían hacer, incluso si ellos no pueden hacerlas tan rápido o tan bien a como podrías hacerlas tú mismo a la primera vez. Una vez que damos un paso hacia atrás por un momento y realmente vemos lo que necesitamos hacer, hay mucho más tiempo de lo que pensamos.

Sí, agregar un ministerio traerá más carga de trabajo de alguna manera. Pero un ministerio universitario puede hacer maravillas por tus ministerios de jóvenes. Como ya lo dije, sabiendo que ellos tendrán apoyo después de la secundaria significará muchos más adolescentes de los que ellos pudieron haberte dicho. Tú ganarás su respeto y confianza más rápido de lo que te puedas imaginar. Un ministerio universitario también ofrece atraer un tipo de personas que harán un grupo juvenil funcionar, traerá apasionados y energéticos universitarios que estarán ansiosos por ser mentores de adolescentes. Por otra parte también he supervisado cada cosa de un centro de cuidados a través de un ministerio universitario en nuestra iglesia. Este rol es una gran responsabilidad, pero debo decir que nunca lo habría logrado sin la ayuda de nuestra gente universitaria. Realmente, todos salen ganando cuando agregas un ministerio universitario a tu lista.

Yo he visto a nuestro ministerio de universitarios cambiar nuestra iglesia. Toma un momento para invertir genuinamente en jóvenes universitarios, permíteles ver cómo ellos pueden ser parte de la fotografía más grande de tu iglesia, y lo mismo pasará en tu escenario.

6. Todos los jóvenes se marchan a la universidad: Escucho esta defensa todo el tiempo, y en la superficie pareciera ser una razón válida para no tener que hacer alguna cosa. En esta circunstancia, ayuda el no ver a tu trabajo como un ministerio universitario, si no como un ministerio para la gente universitaria. Se trata de asegurar que los jóvenes sepan que son amados, exponiéndoles a la vida y a los miembros de la iglesia, y guiándolos a través de los asuntos que están atravesando, esta tarea puede suceder a distancia, por medio de facebook, el teléfono, mandando un correo electrónico, con el boletín de noticias, con la ayuda de visitas a campus y por supuesto, salir con ellos y compartir los ratos de café conversando. (para más ideas ver el apéndice C). La idea es iniciar relaciones con universitarios y ponernos en su lugar con el propósito de enseñarles. A pesar de nuestra continua relación con ellos, nosotros al menos tenemos la obligación de asegurarnos que ellos calzan en algún otro lugar. Solamente porque no estén sumando personas a los eventos de nuestra iglesia no significa que debamos abandonarlos. El ministerio universitario no consiste en aumentar el número de personas a nuestra iglesia. Es mostrarles a ellos los beneficios de ser parte del cuerpo de Cristo.

Por supuesto, ningún ministerio debería de ser de criterio estrecho. Solamente porque los niños que crecieron en tu iglesia ya no están en ellos después de la secundaria, no significa que no hay universitarios en tu comunidad que están buscando alguien que los guíe hacia la madurez, yo empecé con seis personas. Tal vez tú tengas cuatro o tal vez veinte, eso en realidad no importa. El ministerio no está motivado por los números. Está motivado por la necesidad. Y créeme, donde sea que haya una persona universitaria hay una necesidad de amor y un mentor espiritual paciente.

7. **No vemos que vaya hacia algún lado:** Muchas cosas de los universitarios me vienen a la cabeza, pero al principio de la lista está su potencial. El mundo político y secular se da cuenta del potencial de estas personas en esta etapa. Las campañas concentran gran parte de su esfuerzo en los campos universitarios. Ellos saben que la mayor parte de los movimientos sociales históricamente han sucedido a través de la pasión de las personas universitarias. A pesar de esto pocas iglesias ven o aprovechan este potencial. Los universitarios está llenos de pasión e idealismo. Usualmente toman pobres decisiones basadas en esas características, pero yo prefiero ayudarlos a enfocar ese entusiasmo en el trabajo del Reino que tratar de inspirar entusiasmo donde no hay. Yo he visto hacer a los jóvenes universitarios un increíble trabajo en el campo de las misiones, en la iglesia, en sus comunidades, todo porque la iglesia cree en ellos y los apoya con un ministerio que ofrece un verdadero discipulado y oportunidades para comprometerse.

En su mejor momento, los ministerios universitarios construyen la iglesia. Mantienen a los adolescentes tardíos involucrados e interesados en el cuerpo de Cristo. Para verdaderamente seguir el llamado de ir y hacer discípulos debemos mantenerlos en contacto con la iglesia, con otros y más importante con Cristo.

NOTA: En Estados Unidos las «fraternidades» son grupos sociales fraternales para estudiantes pre graduados, escuelas y post graduados. En algunos casos, ciertas fraternidades tienen acceso limitado o su membrecía es un reconocimiento a la excelencia académica.

www.ingramcontent.com/pod-product-compliance
Lightning Source LLC
LaVergne TN
LVHW030911080826
845145LV00010B/2851

9780829757828